Uwe Jacobi

Hurra, wir haben es geschafft!

Die 50er Jahre in Heilbronn

und der Region

Band I

Das Buch zur Serie der

HEILBRONNER STIMME www.stimme.de KRAICHGAU STIMME www.stimme.de

Wartberg Verlag

Foto-Nachweis
Marianne Ackermann (38), Hermann Able (17), H. Able (51), Irmtraud Ade (4, 31), Hans Ahrend (49), Doris Aldinger (7, 24, 44), Kurt Bäuerle (64), Günther Baier (14), Anne Bauer (21), Christa Baumann (59), Josephine Baumm (62), Dieter Becker (8), Ingrid Berg (19), Helga Block (23), Hannelore Brilinski (32), Manfred Brüggemann (14), Ursula Burkert (27), Margarete Butz (7, 53), Heinz Dausch (58), Renate Degenkolbe (11, 38), Werner Drauz (50),
Alfonms Ehrenfried (52), Hermann Eisenmenger (4), Roland Erhard (44),
Jörg Faerber (47), Erna Fischer (29), Freilichtspiele Neuenstadt (19), Manfrey Frey (63),
Otto Gärtner (34), Lieselotte Gawliczek (22), Henriette Gerhardy (8), Susanne Grund (23), Heinrich Güntert (45, 61),
Pia Häfele (5), Else Hammer (56), Norbert Harmuth (37), Heinz Harst (60), Erika Hauff (7), Adolf Heinrich (17, 41), Karl Heiß (16, 42), Manfred Henninger (28), Richard Herrmann (64), Gerhard Hilkert (50), Rainer Hiller (24), Karl Hochstetter (18, 23), Jakob Hoffmann (11, 38), Oskar Hofmann (26), Hermann Höllwarth (15, 48), Bruno Holstein (61), Hermann Hohl (4), Friedlinde Holtmann (27),
Wilhelm Honikel (64). Emil Jochim (45).
Christel Käss (9), Otto Kast (40, 44, 51), Hans Keller (57), Lotte Kellerer (36), Angelika Köble (37), Hans-Ulrich Köhler (22, 48, 53), Wolfgang Kreher (37, 62), Kreismedienzentrum Heilbronn (41), Ruth Kremmer (39), Werner Kritter (63), Willi Kroupa (15), Richie Kübler (55), Karl Kugler (54), Elke Kurz (34)
Klaus Lache (28), Erika Laumen (23, 37), Gertrud Lauterwasser (49), Inge Lay (29, 30), Karl-Heinz Leitz (60), Herwig Loserth (53), Hans Luithle (10, 58), Helmut Luttenberger (39),
Klaus Majer (25), Maria Martin (21), Heidi Michael (12), Friedlinde Molnar (22, 24), Ursula Münch (46, 47), Josef Hubertus Graf von Neipperg (33), Elfriede Otterbach (31),
Alexander Peter (10), Rosemarie Petras (5), Rudi Pfeifer (8, 24), Elfriede Pilz (45), Enzo Presutti (38), Peter M. Preusch (12), Peter Prohn (33), Peter Quattländer (55),Sigrid Rustler (14),
Hans Schäfer (4), Werner Sautter (63), Hermann Scham (8), Jürgen Scharli (32), Günter Schlemmer (31, 32, 52), Fritz Schuh (18), Günter Schulz (54, 61), Eberhard Schweizer (30), Irene Seeburger (24), Hans Settele (62), Rudolf Senghaas (25), Hans Arno Stanschuss (43), Rudolf Stöckel (20), Martha Stöss (42), Peter Stritter (64),
Herbert Tabler (26), Karl Taubenberger (13),
Günter Vogel (57), Walter Wacker (48), Kurt Walz (9), Frieder Weber (7), Gerhard Weingand (40), Hildegard Welsch (4, 52), Ingeborg Wenzel (49), Hans Wierk (36), Bärbel Winter (56), Willi Winter (59), Ingrid Wolf (20), Rosemarie Wolf (27),
Ingrid Zehnder (13), Berta Zorn (12, 24, 31), Heinz Zweygarth (43),
Wir danken allen Bürgerinnen, Bürgern und Archiven, die Fotos für „Die 50er Jahre in der Region Heilbronn“ zur Verfügung gestellt haben.

1. Auflage 2002

Herausgeber: Heilbronner Stimme GmbH & Co. KG
Satz und Layout: Typographische Dienste U. Weiss, Borken (Hessen)
Druck: Thiele & Schwarz, Kassel
Buchbinderische Verarbeitung: Buchbinderei Büge, Celle

34281 Gudensberg-Gleichen, Im Wiesental 1
Tel.: 0 56 03/9 30 50
www.wartberg-verlag.de
ISBN 3-8313-1034-3

Vorwort

Vor uns liegt der erste Band eines ungewöhnlichen Geschichts- und Geschichtenbuches. Die „Heilbronner Stimme“ und die „Kraichgau Stimme“ hatten ihre Leserinnen und Leser aufgerufen, Fotos aus dem Alltag und ihrer persönlichen Erlebnisse in den Jahren 1950 bis 1959 in der Region Heilbronn zur Verfügung zu stellen. Echo und Ergebnis übertrafen alle Erwartungen.
In den Hunderten von authentischen Fotos, die vorher außer den Besitzern nur wenige gesehen haben, spiegelt sich das Lebensgefühl der Menschen der 50er Jahre. Was zunächst so scheint, als habe es Bedeutung nur für die eigene Familie, entpuppt sich als typisch für die bewegte Zeit des Aufbruchs zu neuen Ufern in Deutschland.
Plötzlich tauchen Ruinen an Stellen auf, wo heute Geschäftshäuser stehen, als ob sie schon immer gewesen wären. Heimatvertriebene strömen herein. Alte und neue Firmen suchen ihre Märkte, mit Sonderzügen kommen Gastarbeiter aus dem Süden. Glenn Miller, Boogie Woogie und Coca Cola erobern die Region. Manche Lehrer tragen Lederhosen, andere verteilen „Tatzen“. Die Parade der Automobile und Motorroller fährt vorbei, damals der Gipfel der Technik und heute Oldtimer. Sportliche Glanzlichter werden lebendig, Feste werden gefeiert. Sie fügen sich wie Mosaiksteinchen zum Zeitgemälde.
Was die Fotos noch wertvoller macht, sind die Geschichten und Schicksale, für die viele Bilder stehen. Manche stecken voller Dramatik, andere sind zum Schmunzeln. Alles zusammen, die oft ungewöhnlichen Fotos, die Ereignisse, der Alltag, die Lebensläufe, fügt sich zum einzigartigen Geschichtsbuch einer vielseitigen Landschaft in Deutschland und ihrer Menschen.
Zu den schönsten Folgen der Veröffentlichung der Bilder und Geschichten aus den 50er Jahren gehört, dass sie das Zusammengehörigkeitsgefühl der Menschen in der Region Heilbronn stärken. Zwischen Wohnort und Arbeitsplatz, Verwandten, Kollegen und Freunden herrscht ein reges Hin und Her. Gleichzeitig gliedern sich die Heimatvertriebenen und Arbeitssuchenden, die im Zuge der Völkerwanderung nach dem Krieg in diesen Raum kommen, ganz selbstverständlich in die große Gemeinschaft ein. Links und rechts des Neckars, das ist oder wird ihre Heimat, ob sie nun hier geboren wurden oder von weit her gekommen sind.
Bevor wir mit dem Streifzug durch die 50er Jahre beginnen, erlaube ich mir ein persönliches Wort an alle, die mit Fotos, Berichten, Antworten auf meine vielen Fragen und mit ihrem Wissen zum Werk beigetragen haben: Ich danke für das Vertrauen.

Uwe Jacobi

Das Wort am Rathaus

❐ Der 14-jährige Hans Schäfer geht am 1. Mai 1950 mit seinem ersten Fotoapparat auf Motivsuche in die zerstörte Heilbronner Innenstadt. Die Agfa-Box hat der Schüler mit dem Geld erworben, das er zur Konfirmation in der Martin-Luther-Kirche geschenkt bekommen hat. Der Apparat ist eine einfache Blechkonstruktion mit Rollfilm und einer Spule aus Holz. Plötzlich steht er auf dem Marktplatz seiner Heimatstadt. Es ist still, weit und breit sieht er keinen Menschen. Vor ihm ragt die ausgebrannte Fassade des Rathauses empor. Vom stolzen Bauwerk aus Reichsstadtzeit ist nur eine kahle Wand geblieben, durch die Fensterhöhlen irrt der Blick ins Nichts. Ein Holzzaun verwehrt den Zutritt zu der baufälligen Ruine. Davor parken zwei Automobile, ein Opel-Olympia, das andere könnte ein Ford sein. Was ihn jedoch am meisten beeindruckt, das ist das Wort „FRIEDE", das in großen weißen Buchstaben über der Rathausgalerie mahnt. Was er sonst noch an diesem Tag fotografiert, hat er 2002 vergessen. Das Rathausfoto hat er aufgehoben.

Bauernland

❐ Nach Krieg, Zerstörung und Not wächst neues Leben. Um die Wirtschaftszentren Heilbronn und Neckarsulm weitet sich fruchtbares Bauernland. Eine Spezialität ist der Weinbau. Bei der Weinlese 1959 übt der vierjährige Hermann Hohl aus Willsbach zwischen den Rebstöcken im Dieblesberg, wie der Wengerter eine Butte trägt. Großvater Hermann Hohl hilft dem kleinen Jungen, der 1991 Weinbaupräsident von Württemberg wird.

US-Parade
Die Bevölkerung bestaunt 1952 die Militärparade der US Army auf der Kaiserstraße. Mehrere US-Einheiten sind in den Heilbronner Kasernen stationiert. Ein deutsch-amerikanischer Beratungsausschuss bemüht sich um ein friedliches Nebeneinander zwischen Besatzungsmacht und der Bevölkerung.

Ruinen Klein-Irmtraud 1950

Gedenken

❐ An fernen Fronten, bei den Luftangriffen und zuletzt bei den Kämpfen vor der Haustür sind viele Menschen aus der Region ums Leben gekommen. Allein bei dem Luftangriff auf Heilbronn am 4. Dezember 1944 sind fast 7000 Frauen, Männer und Kinder getötet worden. Mit Gedenkfeiern in den Städten und Dörfern wird jedes Jahr auf Ehrenfriedhöfen und vor Denkmalen um die Verstorbenen getrauert und an das Leid erinnert, das ein Krieg auslöst.

100 Jahre Liederkranz Nordheim
Mit einer Gedenkfeier am Kriegerdenkmal, das heute nicht mehr besteht, wird 1952 an das Leid und die Opfer des Zweiten Weltkrieges erinnert.

Ruinenspiele

❐ Die Kinder von Heilbronn spielen 1950 in den Ruinen *Versteckerles* und pflücken Sträuße aus Goldruten und Huflattich. Die fünfjährige Irmtraud Möhler (Ade) ist 1949 dank der Luftbrücke mit der Mutter von Berlin zu den Großeltern nach Sontheim gekommen, wohin der Vater aus der Kriegsgefangenschaft entlassen worden ist. 1950 zieht die Familie in eines der ersten Ensle-Häuser in der Karlstraße 95.

Schwabens Herz und Schicksal ist der Neckar, dessen Ufer spiegelt das Leben. Millionen Jahr' vor der Zeit er schon war, ohne ihn würd' es uns nicht geben.

Wenn wir geboren werden, Kindheit, Schule, Liebe, Leiden, Heirat, Arbeit, Glück und Schluss, irgendwo rauscht immer der Fluss.

Kinder des Neckars sind auch die Reben. Sie krönen der Weingärtner Arbeit. An den Hängen sie gen Himmel streben, Wegweiser des Stroms in die Ewigkeit.

Der Mann am Fluss

❐ Blasius Kern sitzt 1952 am Fluss und fängt Fische; dort wo die Schozach in den Neckar fließt. Im Hintergrund spannt sich der Sontheimer Steg über das Wasser, dahinter schimmert Heilbronn. Auf der anderen Seite, hinter den Pappeln, liegt Böckingen. Blasius hat an seinem Ufer das Licht der Welt erblickt, in der Deinenbachstraße in Sontheim. Vor 57 Jahren. Früh hat ihn der Neckar gerufen, hat er Fische gefangen. 1914 hat ihn das Vaterland in den Ersten Weltkrieg gerufen. Blasius überlebt. Von den Eltern übernimmt er den Bauernhof am Deinenbächle. Die Berta hat er geliebt und geheiratet. Sechs Kinder, fünf Mädle und einen Bub, hat sie ihm geschenkt. Acker und Vieh, im Weinberg der Trollinger und Weißriesling warten auf Arbeit. 1939 ruft ihn das Vaterland zum zweiten Mal in einen Weltkrieg. Zum Einsatz in Polen ist auch sein eigenes Pferd gefordert. Blasius darf nach ein paar Jahren heim. Ohne Pferd kehrt er an den Neckar zurück. Wieder wird er gerufen, diesmal zum Volkssturm. 1945 klopft der Krieg an die Haustür. Ein SS-Trupp stellt auf der Flucht zwei Pferde in seinem Stall ab. Die SS verschwindet, die Pferde bleiben, die US Army kommt. Nachkriegszeit. Bauern sind wichtig für die hungrigen Städter. Tauschhandel. Überlebenskampf.

Blasius entspannt vom Alltag am Fluss. Und fängt Fische. Heute fischt er bei Hochwasser mit dem großen glockenförmigen Netz. „Homä" sagen Blasius und die Wissenden zu dem Netz. Zwei Buben schauen zu. Vielleicht sitzen sie später wie Blasius am Fluss.

Lebenswege machen Mut

Lambretta-Frühlingsfahrt

❐ Merkwürdig, die meisten jungen 50er Gesichter atmen eine natürliche Heiterkeit, die Lebenswege machen Mut, geben Kraft. Die fröhliche Lambretta-Fahrerin, die durch den Frühling 1953 braust, ist die 32-jährige Hildegard Schmauder geborene Lauer aus Böckingen. Im Mai 1943 hat sie Julius Schmauder, Kalkulator bei Weipert, geheiratet; sie haben sich im Schwäbischen Albverein kennen gelernt. Neun Monate nach der Hochzeit stirbt der Gatte, einen Monat danach wird die kleine Rosemarie geboren. Für die 23-jährige Witwe, die als Verkäuferin im Modehaus Zügel am Heilbronner Marktplatz arbeitet, wird das Töchterchen zum Lebensinhalt. Sie wohnen bei ihren Eltern, dem städtischen Rohrmeister Gotthilf Lauer und Ehefrau Anna, im Wasserwerk in der Großgartacher Straße. Als eine der ersten Frauen von Böckingen erwirbt Hildegard Schmauder eine Lambretta. Mit der Tochter fährt sie im Urlaub in den Süden. Die junge Frau will der Tochter, die ihren Vater nie gesehen hat, als Alleinerziehende etwas bieten. Rosemarie Petras: „Das Fernweh meiner Mutter hat auch mich gepackt." Manchmal bekommen sie Besuch vom Onkel Erwin Lauer; der Bruder der Mutter ist erst 1950 aus russischer Kriegsgefangenschaft heimgekehrt. Mit Vetter Knut, Onkel und Mutter geht's dann zur fröhlichen Schlittenpartie beim Böckinger Wasserturm.

Mutter und Tochter im Schnee

Heilbronns zweite Geburt

❒ Heilbronn ist zweimal geboren worden. Die Erstgeburt beziffert das Stadtarchiv anno 741 nach Christus. Der Historiker Dr. Helmut Schmolz hat das aus einer Urkunde von 822 berechnet, in der an die Schenkung einer Michaelsbasilika in villa helibrunna erinnert wird.
Beim Luftangriff am 4. Dezember 1944 stirbt das alte Heilbronn. Fast 7000 Menschen kommen ums Leben, die Altstadt wird vollständig zerstört. Nach 1945 folgt die Wiedergeburt. Aus Ruinen wächst eine neue Stadt. Das Foto zeigt 1952 die ersten Konturen des Wunders von Heilbronn.
Den Vordergrund beherrscht das Zentrum um Markt- und Kiliansplatz, nach oben weitet sich der Blick entlang der Sülmer-/Paulinenstraße bis in die Nordstadt und links zum Industriegebiet und Kanalhafen. Vor allem an den zwei alten und neuen Straßenachsen Fleiner-/Sülmerstraße und Kaiserstraße, die sich rechts der Kilianskirche beim Kiliansplatz kreuzen, stehen die ersten Neubauten. Das lang gestreckte Dach unten gehört zum Filmpalast, gegenüber reihen sich die Häuser Brenner-Schilling, Stotz und Hippel.
Von den Zeugen der Historie sind am Marktplatz das Rathaus und das Käthchenhaus, in der Sülmerstraße der Hafenmarktturm und die Nikolaikirche restauriert. Ruinen künden links unten vom Deutschhof. Der Turm der dominierenden Kilianskirche ist eingerüstet, der Hallenchor und das Kirchenschiff haben zumindest wieder Dächer und zwei neue Turmhelme. In der nördlichen Innenstadt stehen an der Lohtorstraße einige Neubauten, dahinter klaffen viele Ruinenfelder.
Das lang gestreckte Gebäude oben in der Mitte ist die neue Dammschule. Die kahle Fläche davor ist für die Mannheimer Straße vorgesehen; sie wird nach links vorbei am Bollwerksturm über den zugeschütteten ehemaligen Neckararm unter der Bahnlinie Heilbronn–Neckarsulm zum Industriegebiet führen.

Modenschau '50
Gardinen-Röcke und Schuhe mit „Leberkässohlen". Im Hintergrund das Eckhaus Allee/Titotstraße.

Klein-Doris als Model '54
Palm-Werbung für Anorak.

Wette '55 gewonnen
Fünf Freundinnen von Kupfer-Asbest zeigen ihre Stufenkleider (Foto rechts außen).

Röcke aus Gardinen

❐ Mode in Zeiten fehlender Kleiderstoffe weckt Phantasie. Aus Übergardinenstoff vom Kentner in der Kilianstraße sind die Röcke, mit denen sich 1950 die 18-jährige Margarete Bohl (links) aus Frankenbach und ihre Kollegin Gertrud Widmann von der Württembergischen Landessparkasse zeigen. Schauplatz ihrer kleinen Modenschau ist der Mittelstreifen der südlichen Allee. Im Hintergrund steht das Geschäftshaus Ecke Allee/Titotstraße: rechts die Geschäftsstelle der Landessparkasse (heute Kunsthaus Blech), links Elektro-Rechkemmer (heute Spielhalle). Als Fußbekleidung tragen die jungen Frauen Sportschuhe mit Kunststoffsohlen und weiße Socken. Margarete Butz geborene Bohl: „Auf den Leberkässohlen lief man weich und leise. Sonst gab es ja nichts!"

❐ Die siebenjährige Doris wirbt 1954 im Katalog zum 150-jährigen Bestehen des Heilbronner Bettwäsche- und Modehauses Palm für einen Anorak mit Kapuze aus „dichtem Mantelpopeline". Preis für die Größe 45: 13,80 Mark. Größenzuschlag: 80 Pfennig. Der Fotograf hat Doris am Fleinertorbrunnen entdeckt, als sie mit ihrer Mutter einen Stadtbummel gemacht hat. Doris Aldinger geborene Edelmann erinnert sich an die Gage: „Ein Paar Kniestrümpfe und Unterwäsche."

❐ Stufenröcke kommen in Mode. Stolz zeigen fünf Freundinnen aus der Verkaufsabteilung der Firma Kupfer-Asbest 1955 ihre Kreationen; die 20-Jährigen haben die Kleider im Nähkurs der Heilbronner Landwirtschaftsschule in der Karlstraße geschneidert. „Wenn Ihr das schafft", hat Abteilungsleiter Walter Koch versprochen, „laden meine Frau und ich zur Erdbeerbowle ein!" Zur Einlösung der Wette gehört ein Gruppenfoto (v. l.): Lisl Holl (Scherer), Heilbronn, Erika Rieker (Hauff), Großgartach, Doris Kern (Debernardinius), Heilbronn, Ilse Niprasch (Ritter), Neckarsulm, und Eva Natter, Sontheim. Wie Erika Hauff im Rückblick erklärt, haben die Oberteile von ihr, Lisl Holl und Eva Natter eine verlängerte Taille. Allen gemeinsam ist der Rockteil aus drei Stufen, die einzeln geschneidert, gerafft und dann zusammen an das Oberteil genäht worden sind. Darunter tragen die jungen Damen Petticoats.

Sturm- und Drang-Jahre

Neckarpromenade 1950
Melitta Löchner (Weber) und Else Gunzer (links) neben dem Nobel-Mercedes 170 V von Frieder Weber in der Oberen Neckarstraße. Im Hintergrund ein ehemaliges Fabrikgebäude auf dem Hefenweiler. Links das Hagenbucher-Lagerhaus.

❐ Die junge Dame im hellen Mantel und der schmucke Mercedes 170 V, neben dem sie 1950 auf dem Foto in der Oberen Neckarstraße steht, sind eng mit dem Schicksal des späteren Harmonie-Wirts Frieder Weber verbunden. Sie ist Melitta Löchner, die Weber 1958 heiratet; auf dem Bild unterhält sie sich mit ihrer Bekannten Else Gunzer. Den Mercedes hat Weber von seinen Eltern bekommen, die ihm und seiner Schwester Marianne 1952 auch das Hotel *Kronprinz* in der Heilbronner Bahnhofstraße übergeben.

Das Auto wäre fast zum Grab für Frieder Weber geworden. Der flotte Heilbronner Junghotelier gehört zum *Kronprinz*-Stammtisch, in dem sich ein Kreis unternehmungslustiger Junggesellen gefunden hat, die damals ihre Sturm- und Drang-Periode ausleben.

Eines Abends 1953 hat sich die *Kronprinz*-Runde in der neuen *Melodie-Bar* in der Fleiner Straße verabredet. Als der 23-jährige Weber zu spät kommt, erklärt ihm die Bardame: „Die sind alle nach Stuttgart gefahren!" Weber, der nichts verpassen will, rast hinterher. Kurz vor Mitternacht findet die Fahrt auf der Schwieberdinger Straße in Zuffenhausen ein jähes Ende: Der Mercedes kracht von hinten gegen einen Lastwagen, das Dach wird abgetrennt, der Wagen gerät ins Schleudern, Weber landet etwa 40 Meter weiter im Graben. Während der Mercedes total zertrümmert wird, überlebt Weber wie durch ein Wunder mit einer leichten Gehirnerschütterung. Später witzelt er über den „schnellsten Versuch, aus einer Limousine ein Kabrio zu machen".

Früh übt sich Kostümiert für den Festzug 1956

Feuerwache

Wengertschütz 1958

Unbeschwerte Kindertage

❒ Beim Festzug zum Herbst 1956 in Weinsberg gestaltet eine Kindergruppe sechs Berufe: Vorn der *Kaminfeger* Volker Fiebrich, dahinter der *Postwirt*-Sohn Dieter Leonhard („Damals Koch, heute Koch und Wirt!"), der *Jäger* Walter Melber mit Rucksack und Fuchsschwanz, ein *Zimmermann*, der *Musikant* mit Gitarre und als Krönung die *Marktfrau* Bärbel Wagner (Keitel). Wandern gehört zur unbeschwerten Kindheit. Mit Tante Emma und Onkel Christian Hörcher wandern die Geschwister Rudi und Christa Pfeifer über die Kirschenallee zur *Dicken Eiche*. Höhepunkt ist das Wurstbraten, nach dem sich die Kinder zur Feuerwache versammeln. Sonntags begleiten sie den Schuhmacher Hörcher zum *Kundschaftsessen* nach Lehrensteinsfeld, Gellmersbach oder Wimmental. „Nach Lehrensteinsfeld geh' ich nie wieder!", posaunt Christa später. „Da war ich schon tausend Mal!" 1968 heiratet sie Werner Friedel aus Lehrensteinsfeld. Während der Weinlese zieht Vater Wilhelm Pfeifer, der in der Weinbauschule arbeitet, als Wengertschütz gegen die gefräßigen Vögel ins Gefecht. In Weinsberg ist er bekannt als Mann mit der Zigarre, weil zwischen seinen Lippen stets ein Zehner-Stumpen glostet. Rudi darf den Vater begleiten, der mit knatternder Rätsche, Vorderlader und Schreckschusspistole die Vögel aus dem Weinberg vertreibt. Zur Vesperzeit werden sie von den Weingärtnern zu Knackwurst und Backsteinkäs eingeladen.

„Frühstück" heißt das Spiel Mit Geschirr aus Mutters Küche wird 1951 am Christophplatz in Heilbronn „Frühstück" gespielt (v. l.): Dieter Becker, Bernd Hofmann, Brigitte Sammet, rechts Traude Megerle.

Allee 1950 Klein-Lilian

Boulevard

❒ Die kleine Lilian blinzelt 1950 auf dem Mittelstreifen der Heilbronner Allee in den Fotoapparat des Vaters. Franz Gerhardy ist in der Uhlandstraße aufgewachsen und 1948 kahlköpfig aus russischer Kriegsgefangenschaft gekommen. Mit Gattin Henriette lebt er in Böckingen. An diesem Sonntag haben sie zu Fuß einen Ausflug zum *Boulevard* Allee gemacht. Im Hintergrund die Vereinsdruckerei (heute Shoppinghaus), in der gleichzeitig *HSt* und *Neckar-Echo* gedruckt werden.

Fröhliches Trio

❒ Stolz setzen sich die drei Musketiere 1959 in der Heilbronner Steinstraße 25 auf dem Zweisitzer-NSU-Quickly der Familie in Pose. Fotograf ist der 40-jährige Vater Hermann Scham, stellvertretender Leiter des benachbarten Landesgefängnisses. Das Lenkrad hat der vierjährige Jörg sicher in seinen kleinen Händen, dahinter sitzen Susanne und Mathias. 1961 kann sich die inzwischen sechsköpfige Familie einen Opel Record leisten. Wenn dessen Vorzüge gelobt werden, meint der Mathias in Erinnerung an die Quickly-Ausflüge zum Bodensee: „Aber gell Papi, 's Quickly war doch sportlicher!"

NSU Quickly Jörg, Susanne und Mathias Scham zeigen dem Vater, wie man fährt.

Zeichenstunde Auf der Schaeuffelenschen Insel

Volkstanz Sportfest auf dem TGH-Sportplatz

Mit Zöpfen und Röcken

❐ Zum Zeichnen vor Ort hat sich die Klasse 4c der Heilbronner Oberschule für Mädchen 1950 auf die Schaeuffelensche Insel begeben. Unter Anleitung des Zeichenlehrers und Kunstmalers Bruno Grosse skizzieren die *Schulmädle* die Stadt.
Auffallend ist, dass die meisten Mädchen Zöpfe tragen; lang, als *Affenschaukel* oder zur *Gretchenfrisur* geflochten. Die bescheidene Kleidung stammt vorwiegend aus Care-Paketen aus den USA, ergänzt um selbst gestrickte Pullover oder von der Mutter genähte Kleidungsstücke. Statt Hosen, die heute dominieren, tragen alle Mädchen Röcke. Auf dem Foto zeichnen im Hintergrund (v. l.): Hildegard Cramer, Erika Freyer, Almut Stroppel, Marlene Sigel, Ursel Beutelspacher, Doris Künzer, Eva Bauer, Helga Lieb. Vorn sitzen (v. l.): Lore Puschert, Dorle Friz, Hilde Mergenthaler, Christl Xander, Jutta Kinkel, Hannelore Zimmermann, Irmgard Fischer, Inge Tabler, Hiltraud Metzger, Lieselore Leibfried, Imme Spohr und Gisela Hohenrain.
Ein Jahr später üben die Klassen 5c und 5b Volkstanz auf dem TGH-Platz (von links.): Ursel Ispert, Inge Betz, Ursel, Schwamberger, Hannelore Zimmermann, Christl Xander, Sigrun Kurtz, Karin Klemm, Renate Fischer, Ute Hamel, Elisabeth Flinspach, Brigitte Daum und Brigitte Bartelmäß.
Die Oberschule für die Mädchen hat nach 1945 in Privatvillen in der Cluss- und Gutenbergstraße angefangen. 1950 werden alle Klassen in der Dammschule vereinigt, 1953 wandern die Mädchen in die *Farbenschachtel* in der Karlstraße (heute Mönchsee-Gymnasium).

Ruinen als Kulisse Klasse 4a der Vereinigten Heilbronner Oberschulen 1950 in der zerstörten Altstadt

Klassenausflug zu den Ruinen

❐ Die Klasse 4a der Vereinigten Heilbronner Oberschulen im Gebäude der Robert-Mayer-Oberschule macht 1950 einen Ausflug in die etwa 400 Meter entfernte zerstörte Altstadt. Auf dem Foto, das der spätere Bezirksnotar Kurt Walz aus Nordheim aufbewahrt hat, gruppieren sich die Schüler zum Klassenfoto im Bereich der Unteren Neckarstraße zwischen Friedrich-Ebert-Brücke und Lohtorstraße. Fotograf ist Klassenlehrer Schmelcher (Deutsch). Im Hintergrund ragt der Kiliansturm empor, links davon die Seitentürme des Kirchenschiffs, links die Ruine des Rathausanbaus. Die Schüler kommen aus der Stadt Heilbronn und dem Landkreis. „Wir sind damals noch zu Fuß in die Schule gelaufen", erinnert sich der Heilbronner Schulkamerad Stefan Schaupp. „Das Wort Schulbus gab es nicht."

Marktplatz '59 Werbung am Käthchenhaus 1959 für den Tengelmann-Supermarkt, der im Juni 1960 im Erdgeschoss eröffnet wird. Rechts daneben steht heute der Käthchenhof.

Vom Lehrling zum Chef

❒ Mit 40 Mark im Monat beginnt 1951 der 15-jährige Alexander Peter (Foto links oben) aus Öhringen eine Lehre als Großhandelskaufmann bei der Tengelmann-Regionalzentrale in Heilbronn. Das Großfoto zeigt das Handelszentrum zwischen Olgastraße (rechts im Vordergrund) und der Badstraße; sie liegt hinter der viergeschossigen Kaffeerösterei (links) mit Weinabfüllanlage im Keller. Überragt wird alles vom Kamin des Kesselhauses und dem höheren Schornstein des E-Werkes. Im Hintergrund links die Silhouetten der Zuckerfabrik und des Knorr-Silos in der Südstadt. Als Verbindung von der Olga- zur Badstraße quert den linken Bildteil die Siemensstraße, die später von Tengelmann gekauft und überbaut wird; über sie führt heute die Auffahrt zum Parkdeck des Handelshofs. Die Büros mit einem *Blauen Salon* für Konferenzen sind in der lang gestreckten Baracke an der Siemensstraße untergebracht. Zu den Aufgaben von Peter gehört das Führen der Karteikarten über die Auslieferung der Waren an die Filialen in Südwestdeutschland. Neben den lokalen Produkten wie Knorr-Suppen, Flammer-Waschpulver, Zucker aus der benachbarten Fabrik, Mehl aus regionalen Mühlen und Hülsenfrüchten des Unterlandes ist Tengelmann ein internationaler Umschlagplatz. Haselnüsse und Mandeln kommen in großen Ballen aus der Türkei, Wein und Wermut werden in Fässern aus Italien und Spanien geliefert und in Flaschen abgefüllt. Renner der Menschen, die nach neuen Genüssen dürsten, sind Liköre wie Kakao mit Nuss oder Kirsch mit Rum in Backsteinflaschen. Teuer im Vergleich zu heute sind Jamaica-Rum-Verschnitt, Kaffee, Kupferberg Gold, Henkell Trocken oder Schokolade, billig Emmentaler Käse, Saiten und Weißwürste oder ein Liter Rotwein für 1,45 Mark.
In Heilbronn folgt den Filialen Wilhelm-, Kaiser-, Schmidberg-, Wacks-, Siemens- und Ludwigsburger Straße 1960 der Supermarkt im Käthchenhaus. Filialleiter ist der ehemalige Lehrling Peter, der 1983 Regionalchef wird.

Straße der Hoffnung

❒ An der Nahtstelle zwischen der Zerstörung und dem Wiederaufbau Heilbronns gewinnt die Wilhelmstraße eine ungewöhnliche Bedeutung. Die südliche Ein- und Ausfahrt der zerstörten Altstadt, in der sich erst allmählich neues Leben regt, wird vorübergehend zur Hauptgeschäftsstraße. Zahlreiche Geschäfte, deren traditionelle Stammhäuser nur noch Ruinen sind, fangen in der Straße der Hoffnung behelfsmäßig wieder von vorn an. Das Nebeneinander zum Großteil unzerstörter Häuser mit herrlichen Ornamenten der Gründerzeit, notdürftiger Umgestaltung und geschäftstüchtiger Werbung ergibt ein merkwürdiges Gemisch pulsierenden Lebens, über dem der Hauch einer Goldgräberstadt liegt. An Botschaftern der neuen Zeit fehlt es nicht. Nördlich entsteht an der Ecke Wollhausplatz im Januar 1950 eine Esso-Großtankstelle. Ein halbes Jahr später öffnet Lichdi an der Ecke Luisenstraße den ersten SB-Laden für Lebensmittel in der Bundesrepublik. 1954 leuchten nebst dem Kiliansplatz an der Ecke Wilhelm-/Südstraße die ersten Verkehrsampeln in Heilbronn. Und im Süden keimen um die *Metro-Bar* in Begleitung unternehmungslustiger GIs die Wurzeln süßer Sünde. Die Bewohner und Beschäftigten in der Wilhelmstraße kämpfen wie alle um ihr täglich' Brot. Robert Luithle ist einer von ihnen. Mit seinem 1944 in der Luisenstraße 10 ausgebombten Uhrenfachgeschäft zieht er über die Schlegelstraße 28 und Werderstraße 98 im Jahr 1950 in die Wilhelmstraße 62, zuerst nur in den rechten Laden, nach dem Auszug des Schreibwarengeschäfts Mogler aus Böckingen auch in die linken Geschäftsräume. Für die siebenköpfige Familie mietet er eine Wohnung im ersten Stock. Während vis-à-vis das Bekleidungshaus A. Hippel schon Ende 1951 in seinen Neubau am Kiliansplatz umzieht, folgt Luithle erst 1956 an seinen neuen Stammsitz gegenüber dem Kaufhaus Merkur (1969 Horten).

Luithle Zwischenstation

Premiere beim Merkur

❐ Als einen „Beitrag, dass das Geld nicht mehr nach Stuttgart getragen werden muss“, feiert der Heilbronner Oberbürgermeister Paul Meyle das Kaufhaus Merkur, das am 8. November 1951 in der Fleiner Straße eröffnet wird. Von mehreren Einzelhändlern in der Innenstadt ist bekannt, dass sie nicht erfreut sind über die Konkurrenz. Später stimmen die meisten dem Textilkaufmann Rolf Palm zu: „Konkurrenz belebt das Geschäft!“

Eiermann-Bau
Der Merkur in Heilbronn ist nach Plänen der Professoren Eiermann und Hilgers, Karlsruhe, gebaut worden. Verkauft wird in drei Geschossen. Im zurückgesetzten vierten Geschoss mit Dachterrasse sind Büros, Küche und Personalräume untergebracht.

Hula-Hoop ‘58

Camping ‘57

Aus dem Foto-Album „Meine Firma Kaufhaus Merkur und ich“ der ehemaligen Heilbronner Mitarbeiterin Renate Gerstmann. 1960 heiratet sie den Abteilungsleiter Werner Degenkolbe.

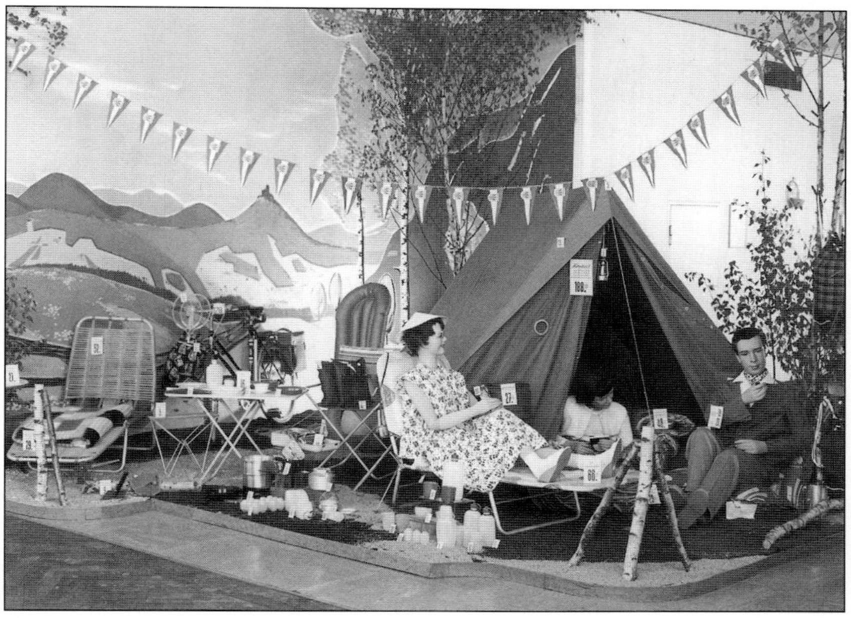

Zeitgeist im Fenster

❐ Das Schaufenster hat in den 50ern als Plattform für Information und Kultur einen hohen Stellenwert. Jakob Hoffmann, Chefdekorateur des Heilbronner Kaufhauses Merkur 1953–1957: „Der Schaufensterbummel durch die Innenstadt war ein besonderes Erlebnis!“ Während vielfach noch Ruinen das Stadtbild prägen, öffnen sich dazwischen buchstäblich die Fenster auf das Geschehen und die Konsumgüter der großen weiten Welt. Was heute bunte Prospekte bieten, zeigen damals die Schaufenster.
Als 20-Jähriger übernimmt der ehemalige Horten-Lehrling Hoffmann aus Duisburg 1953 die Dekorationsabteilung des Heilbronner Merkur, der seit 1952 zum Horten-Konzern gehört. Von Porträts zu politischen Gipfeltreffen über Fotos der New Yorker Wolkenkratzer bis zu malerisch vergrößerten Weinetiketten werden aktuelle Themen in den Schaufenstern aufgegriffen.
Zu den Attraktionen gehören Spielwarenfenster, in denen Merkur-Mitarbeiter sitzen; durch ein Mikrofon sind sie mit den Zuschauern verbunden und setzen das gewünschte Spielzeug in Bewegung.
Mode ist natürlich ein beherrschendes Thema. Modenschauen sind populär, die Eintrittskarten oft lange vorher ausverkauft. Viele nähen ihre Kleider selbst, die Stoffabteilung steht hoch im Kurs. Als Richtmaß für die Rocklänge gelten 37 Zentimeter über dem Boden. Merkur bietet Nähkurse, die mit einer Modenschau enden. Für die schönsten Kleider gibt es Preise vom Bügeleisen bis zum Kostümstoff. Dazu führen Merkur-Damen vom Chefdekorateur gesteckte Kleider vor. Höhepunkt ist, wenn Hoffmann vor Publikum ein elegantes Abendkleid auf die Bühne zaubert.
Jakob Hoffmann, der nach mehreren Horten-Häusern mit Ehefrau Marliese geborene Burkert aus Frankenbach seinen Lebensabend in Affaltrach verbringt, schwärmt: „Die Mädchen liebten damals helle Farben und hatten fast alle ein ungewöhnliches Strahlen im Gesicht.“

Modenschau ‘56
Die Merkur-Mitarbeiterinnen tragen Kleider, die Jakob Hoffmann gesteckt hat (v. l.): X, Heidi Langner, Rudolf, Dietlinde Nitschke, Jakob Hoffmann, seine spätere Gattin Marliese Burkert, X, X, Bernhard.

New Look
Begehrt ist (fast) alles aus den USA.

„Regenten“ 1950 „Lothar I.“, BM Thomä und Elferräte

Fasching 1951 „Oskar I.“, „Eiserner Gustav“ & Co.

BM-Kuhkutsche 1951

Spaß in Eppingonien

❒ „Isch's so recht?“, fragt auf einem Plakat der gewichtige Herr mit Melone, der sich 1951 in einer Kutsche von zwei Kühen durch sie Straßen von Eppingen ziehen lässt. Mit der Frage nach dem Echo auf sein Wirken reiht sich Bürgermeister Karl Thomä in den Faschingsumzug ein. Eppingen gilt schon vor den Hexen um Else Zorn als eine Hochburg des Faschings. Wer „was auf sich hält“, der macht mit oder lässt sich zumindest sehen.

Als Faschingsprinz *Lothar I. von Eppingonien* schwingt 1950 der Modegeschäftsmann Lothar Bergdolt das Zepter. 1951 folgt Oskar Barth von der Palmbräu-Brauerei. Neben dem Elferrat der Honoratioren gibt es einen Jugendelferrat und jede Menge Originale. Einer von ihnen ist der populäre *Eiserne Gustav*, hinter dessen Blechhaube der legendäre Ernst Wieser von der Palmbräu seinen Ulk treibt.

Zu den Narren, die das Foto 1951 vor dem Rathaus zeigt, gehören zum Beispiel (v. l.) Karl Blösch, Helmut Kamm, Ingrid Lampert, Eulenspiegel Heinz Heinzmann, Joseph Haas, Ernst Wieser, Franz Huber, Alida Heer, Faschingsprinz Oskar Barth, Kurt Grimmel, Isolde Dischinger, Rolf Preusch, Berthold Allgeier, Arno Lorenz und Ernst Heer. Zwischen dem Kleinen Elferrat vorn sitzen die Schwestern Ingrid (links) und Heidi Bergdolt.

Höhepunkt ist der Faschingsumzug, der letztmals 1953 bei der Zichorienfabrik startet. 1950 ziehen laut Umzugs-Ordnung, die Hermann Friederich aufbewahrt hat, 25 Vereinswagen mit Themen wie *Mischtkrabb* oder *Superolympia* über *Altweibermühle* bis *Hornbuckelaya* vorbei. Kehraus ist in der Alten Turnhalle mit einer Bar im Heizkeller und Sektkabinetten auf der Bühne. Stadthistoriker Edmund Kiehnle: „Das Gedränge war so groß, dass niemand umfallen konnte.“

Sie schneidern für die Narren

❒ Schmuck sehen die Buben des Kleinen Elferrats von Eppingen 1951 aus. Die 30-jährige Schneidermeisterin Berta Zorn hat die Kostüme aus einer Stoffspende des Modegeschäftes Bergdolt angefertigt. Für die Garderobe des Großen Elferrats haben sich drei Damenschneidermeisterinnen vereinigt. Berta Zorn, die 1945 ihre Schneiderwerkstatt in der Brettener Straße 57 gegründet hat, ist neben Erna Häffner und Hilde Wild die Jüngste. Heute noch schwärmt sie von der Kollegialität, die trotz Konkurrenz unter den drei Schneiderwerkstätten in der Brettener Straße geherrscht hat.

Kleiner Elferrat
Da stehen sie nun mit Rätsche, Smokingjacke, weißem Hemd, Fliege und einem roten Phantasiehut, den Malermeister Emil Zorn aus Pappe geformt und an den seine Frau einen lustigen Bommel gehängt hat (v. l.): Werner Hecker, Norbert Tzschach, Wolfgang Bartsch, Willi Zorn, Erich Schäfer, Wolfgang Buhlinger, Peter Preusch, Dieter Gern, Bernd Stehle, Christian Ullrich und Gerhard Schäfer.

Die Helden 1954
Triumph in der Montagehalle

Legendäre Boxstaffel

❐ In der Montagehalle der NSU-Motorenwerke ist am 4. September 1954 die Hölle los. Die zehnköpfige Boxstaffel der Sportvereinigung Neckarsulm gewinnt vor 6000 Zuschauern mit 13:7 gegen die Favoriten von Heros Hamburg die deutsche Mannschaftsmeisterschaft. Viele sagen im Rückblick, dies sei der populärste sportliche Erfolg des Unterlandes gewesen. Das Foto zeigt das Meisterteam (v. l.): Hermann Schreibauer, Walter Denninger, Karl Kestel, Hans (Stops) Rienhardt, Hans-Werner (Butje) Wohlers, Stefan Redl, Viktor Kreß, Hans Müller, Fritz Hofmann, Günther Korschewski, Klaus Veit-Römmele (Reserve), Trainer Helmut Müller. Als Prämie gibt's für jeden Boxer und den Trainer vom Gastgeber eine NSU-Quickly.

Schon seit den 40er Jahren ist die Sportvereinigung Neckarsulm neben Prag Stuttgart die Hochburg des Boxsports in Württemberg. Dreimal sind NSU-Boxer deutsche Meister geworden: Kurt Weller (1948) und Walter Ihlein (1948, 1949). Dass sich in den 50ern die Elite der Faustkämpfer aus halb Deutschland an der Sulm vereinigt, ist vor allem der NSU und ihrem Verkaufsdirektor Carlo Lang und der Aussicht auf Arbeitsplätze zu verdanken. Neben dem Triumph 1954 gibt's dafür drei weitere deutsche Meistertitel: Rienhardt (1953, 1955) und Schreibauer (1955).

Lebendes Denkmal der Glanzzeit der Unterländer Boxer ist 2002 der 80-jährige Karl Taubenberger aus Neckargartach. Der kaufmännische Angestellte der Heilbronner Farbenfabrik Pfeil & Retter boxt seit 1935 für den Athletik- und Boxsportverein (ABSV) Heilbronn im Stadtsaal am Hafenmarkt und ab 1945 für die SV Neckarsulm, wirkt ab 1949 als Kampfrichter und wird 1952 Ringrichter. 1965 übernimmt er die Neckarsulmer Boxer, die er bis heute als Abteilungsleiter, Trainer, Sportwart und Manager betreut. Zu seinen Mitarbeitern gehört Klaus Veit-Römmele, der selbst ab 1955 achtmal in Folge württembergischer Meister geworden ist. Nebenbei trainiert Taubenberger in den 50ern die farbigen US-Boxer in den Heilbronner Wharton-Barracks. Zu seinen Schützlingen gehören Eddy Nazario, Terry Price, Ellerbay und Jerome Jenkins, die 1956/1958 Meister der in Europa stationierten US Army werden.

Begehrte Treffs der 50er Jahre sind die Box-Meetings, die Fritz Wagner vom ASV Heilbronn in der Turnhalle der Rosenauschule organisiert. Als Ringrichter dirigiert der gute Geist der starken Männer, den seine Freunde Taube nennen.

Box-Meetings in der Rosenau
mit RingrichterTaubenberger

Hockeydamen

„Die Schönsten im Gäu"

❐ Wenn die Hockeydamen des VfR Heilbronn „jessesmäßig" verloren haben, gibt's von den Herren immer den gleichen Trost: „Dafür seid ihr die Schönsten im Gäu!" Ingrid Böhner geborene Zehnder: „Wir spielten aus Spaß an der Freud' und konnten weder ab- noch aufsteigen, weil es in Württemberg nur eine Klasse gab." Mit den weißen Minikleidchen, die ihre Betreuerin Irmgard Staudacher besorgt hat, lächeln sie 1959 für den Fotografen (vorn v. l.): Ute Hohmann, Inge Schweizer (Wagner), Mildenberger, Helga Hagenmeier. 2. Reihe: Trainer Carl Burkhardt, Ernst, Schaffner, Ingrid Zehnder (Böhner), Gisela Stölzel, Hannelore Häußer (Mehl), Helga Schwarz, Suse Weimann, Irmgard Staudacher.

„Bitte vier Mal Tante Emma!"

❒ Der Volksmund sagt zu den Tanksäulen, die fünf Liter Benzin beinhalten, einfach *Tante Emma*. Wer also 20 Liter haben will, scherzt: „Bitte vier Mal Tante Emma." Das Foto zeigt den Urtyp einer Tankstelle 1952 an der Heilbronner Straße in Pfaffenhofen: Shell-Tankstelle Koch, die sich zum Autohaus Koch entwickelt. Unter einer *Tante Emma* sitzt Kfz-Meister Albert Koch. Links steht Tochter Sigrid (Rustler), rechts der DKW-Fahrer Klenk. Sein Kombi mit Kunststoffheck ist ein Zweitakter, der mit einem Gemisch aus Benzin und Öl betankt werden muss. Links außen in der hohen Holzkiste ist die Zukunft verpackt: die Tanksäule für eine neue Tankstelle ohne Dach. Sigrid Rustler: „Man sagte, das sei modern!"
Der Hausherr Albert *(Hansjörg)* Koch ist eine populäre Erscheinung im Zabergäu. Neben der Mitarbeit in Vereinen ist er vor allem als Autonarr bekannt. Sein berühmtestes Fahrzeug ist ein Buckel-Opel mit einer Macke: Manchmal bleibt der Wagen plötzlich stehen. Reparaturen sind erfolglos. Aber nach zwei bis drei Stunden fährt das Auto wieder. Selbst Spezialisten von Opel können die Ursache nicht ergründen. Als Koch das Missgeschick einmal im Schwarzwald erlebt und Passanten zu spotten beginnen, bittet er um einen Vorschlaghammer und zertrümmert den Wagen: „Der ärgert mi nemme!"

Tankstelle Koch 1952
Benzin-Öl-Gemisch für Zweitakter

Benzin für 49 Pfennig

❒ „Man beachte den Benzinpreis im Jahr 1959!", schreibt der Heilbronner Handelsvertreter Manfred Brüggemann zu diesem Foto seines Schwagers. Der 58-jährige Karl Braun aus Mundelsheim füllt gerade als Tankwart beim SB2 von Spar in der Heilbronner Salzstraße den Tank eines VW-Käfers für erstaunliche 49 Pfennig pro Liter. Im Euroland 2002 träumen viele von solchen Preisen!

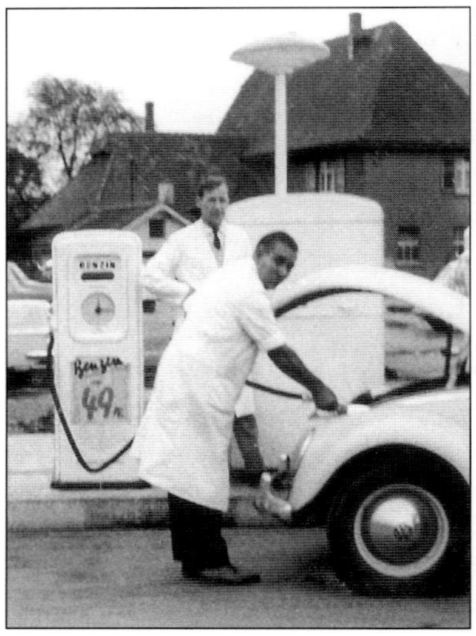

Das Automobil des Landarztes

❒ Der DKW von Landarzt Dr. Gustav Diener, der einen Hausbesuch bei Zellers vom Gasthof *Zum Lamm* macht, ist 1951 für die Kinder von Affaltrach eine Attraktion. Vergnügt stellen sie sich in Pose (von links): Günther Baier, sein Freund Karl von der Bäckerei Fleisch und die zweijährige Schwester Christa. Im Hintergrund links das Pfarrhaus, in dem Haus rechts wohnt die Familie des Brunnenbauers Christian Baier. Das *AW* des Autokennzeichens steht für Amerikanische Zone Nordwürttemberg/Nordbaden.

Sand aus Neuhütten

❒ Vor der Shell-Tankstelle in Weinsberg parkt 1951 Robert Sinn mit seinem Lastwagen Marke Mercedes. Der 28-Jährige ist der Juniorchef des vom Vater gegründeten Fuhr- und Sandbetriebes in Neuhütten. Als einer der ersten Unternehmer aus den Löwensteiner Bergen liefert er Sand für den Wiederaufbau Heilbronns. Hauptabnehmer sind die Baufirmen Diem und Rohrbach & Huber. Den Sand produziert er mit Ehefrau Edeltraud auf einer Wiese in Neuhütten. Nach ein bis zwei Spatenstichen Humus gibt die Erde besten Mauersand preis. In Handarbeit wird der Sand durch ein Stellsieb geworfen, auf den Lkw geladen und auf die Baustellen in Heilbronn transportiert.

Versteckte Kamera

❒ Bevor später das Fernsehen auf die Idee kommt, mit versteckter Kamera die Menschen zu beobachten, hat 1951 ein junger Mann in Jagstfeld gezeigt, wie's geht. Das Handwerkszeug des 16-jährigen Willi Kroupa ist eine Agfa Isolette, die Drogist Büttner in Kochendorf seinem Lehrling auf Raten verkauft hat. Opfer ist der Wachtmeister Schulz vom Gendarmerieposten Jagstfeld. Zu seinen Aufgaben gehört es, nachts mit dem Dienstfahrrad durch den Ort zu patroullieren und dafür zu sorgen, dass die Lokale pünktlich schließen. „Polizeistunde!", gebietet er 1951 kurz nach Mitternacht im Café Förch *Zur schönen Aussicht.* Während der Herr im Ledermantel mit dem Wirt Heinrich Förch (linkes Bild, Mitte) und Elektromeister Kroupa über Sinn und Unsinn der Polizeistunde diskutiert, fotografiert Kroupas Sohn, der an diesem Abend seinen Vater begleitet hat, die Szenerie. Wachtmeister Schulz entdeckt jedoch den Fotografen und fordert unter Androhung von Strafe, das Foto dürfe auf keinen Fall in der *Heilbronner Stimme* veröffentlich werden. In diesem Augenblick drückt Willi Kroupa ein zweites Mal auf den Auslöser. Zu den Fotos schreibt Willi Kroupa 2002: „Beide Bilder wurden bisher nicht veröffentlicht, eine Bestrafung fand auch nicht statt. Leider weilen die drei Herren nicht mehr unter uns. Sollten die Fotos doch noch in der *HSt* erscheinen, bitte ich nachträglich Herrn Wachtmeister Schulz um Vergebung."

Schnappschuss I „Polizeistunde!"

Schnappschuss II „Das darf nicht veröffentlicht werden!"

Sieg und Stadion

❒ In der Stauferpfalz hat alles seine Ordnung. Zuerst steigt die SG Bad Wimpfen 1953 fast in die I. Amateurliga auf. Dafür gibt's 1956 am Kurwäldchen ein neues Stadion mit einem Eröffnungsspiel der Spitzenklasse. Schon drei Jahre vorher jubelt Bad Wimpfen im siebten Fußballhimmel. Schauplatz des Triumphes ist das Heilbronner VfR-Stadion, das am 19. April 1953 von 3000 Fußballfans der Sportgemeinschaft Bad Wimpfen und des TSV Kochendorf beherrscht wird.

Punktgleich 41:11 führen beide Vereine die Tabelle der II. Amateurliga Gruppe 2 nach Saisonende an. Kochendorf (84:31) hat das bessere Torverhältnis als Wimpfen (83:38). Trotzdem verlangen die Regeln ein Entscheidungsspiel für die Teilnahme an den Aufstiegsspielen in die I. Amateurliga. Für die SG Bad Wimpfen spielen: van de Weghe; Knapp, Biereth; Moos, Hänsel, Rossbach; Ortwein, Brudi, Haaf, Löber, Bender. TSV Kochendorf: Kautz II; Schneider, Dirschwigl; Rühle, Elsässer, Dollmann; Kautz I, Nachbar, Ortwein, Lechner, Lung. Wimpfen gewinnt 3:2. Von den Torschützen kicken zwei Brüder gegeneinander: Egon Ortwein für Wimpfen (1:0), Kurt Ortwein für Kochendorf (2:1) nach 2:0 von Karl-Heinz Moos für die SG, die durch German Haaf auf 3:1 erhöht. Hermann Lung (3:2) kann Kochendorfs Niederlage nicht verhindern.

Begeistert feiern BM Dauner, die Bürger von Bad Wimpfen und die Stadtkapelle ihre Fußballhelden nach der Heimkehr beim Siegeszug durch die Stadt. Dass Wimpfen bei den Aufstiegsspielen als Dritter hinter Tuttlingen und Nürtingen den Aufstieg verpasst, kann die Freude nicht trüben. In der Chronik von Schriftführer Hermann Höllwarth bleibt lebendig, wie die SG Bad Wimpfen fast in die I. Amateurliga aufgestiegen wäre.

Fußballhelden 1953
SG Bad Wimpfen stehend von links: Trainer Ernst Rupp, Heinz Weigand, der im Entscheidungsspiel gesperrt ist, Vorsitzender Josef Frey, Rudi Hänsel, German Haaf, Heinz Knapp, Walter Brudi, Helmut Rossbach, Egon Ortwein, Abteilungsleiter Gotthold Luz. Kniend: Kurt Löber, Werner Bender. Vorn sitzen von links: Karl-Heinz Moos, Germain van de Weghe, Gebhard Biereth.

Stadion am Kurwäldchen
1956 werden in Bad Wimpfen die neuen Sportanlagen am Kurwäldchen eingeweiht. Im Eröffnungsspiel besiegt Eintracht Frankfurt vor 3000 Zuschauern den VfR Mannheim 4:1.

Sonniges Zabergäu

❐ Sonnenschein und fruchtbarer Boden verwöhnen das Zabergäu. Die Hänge der Weinberge und die Felder in den Tälern links und rechts der Zaber versprechen reiche Ernte. Nach Feierabend helfen der Mechaniker Hermann Hennige und Ehefrau Margarete geborene Mannuß aus Kochersteinsfeld auf dem Bauernhof seiner Eltern in Frauenzimmern. Vor der Ausfahrt 1955 mit Spritzmittel im Holzfass und Spritzbutte zum Kampf gegen den Kartoffelkäfer haben sie aus Spaß den dreijährigen Sohn Wolfgang auf eine der beiden Kühe gesetzt, die den Leiterwagen ziehen. Die *alte Kuh*, wie sie genannt wird, gilt als „zahm und lieb“. Das Foto des Vaters zeigt, dass dem Jungen der Kuhritt trotzdem nicht ganz geheuer ist. Drei Jahre später hilft Wolfgang schon beim Einsammeln der Kartoffeln, die Vater und Mutter mit dem zweizackigen Karst aus dem Boden gehackt haben. Die kleinen Erdäpfel werden an die Schweine verfüttert, die großen *Grombiera* kommen als Kartoffelsalat, Kuchen oder in anderer Form auf den Esstisch. Die Technik macht Fortschritte. Die Landwirte Waldemar Neubauer (links) und Gerhard Binder (Mitte) haben den ersten Mähdrescher im Gäu für ihre Getreidefelder und zum Lohndreschen angeschafft. Rechts bewacht 1958 Hans Hennige, der hauptberuflich bei Läpple in Heilbronn arbeitet, den Sack, in dem die Körner des gedroschenen Getreides aufgefangen werden.

Kuhritt in Frauenzimmern

Kartoffelernte
Die Familie im Einsatz

Der erste Mähdrescher im Zabergäu
Fortschritt der Technik

Gastarbeiter Rocco

❐ Der 19-jährige Rocco Brandonisio aus Adelfia an der Adria hilft als einer der ersten italienischen Gastarbeiter 1956 im Unterland auf dem Bauernhof der Familie Heiß in Kochendorf. Mit 150 Landsleuten ist er in Verona abgefahren, in München und Stuttgart werden sie verteilt, in Heilbronn kommen noch zehn Mann an, im Arbeitsamt holt die Bäuerin den künftigen Landarbeiter ab. Auf dem 25 Hektar großen Hof mit Ackerbau und Viehzucht gibt es viel Arbeit. Rocco, der zunächst kein Wort Deutsch kann, packt tatkräftig zu. Oft plagt ihn Heimweh. Dann weint er und tröstet sich mit Gesang: „O sole mio“. Aber im Lauf der Zeit fühlt er sich wohl in der Familie, zu der auch die Söhne Friedrich und Karl und Tochter Margarethe gehören. 1957, als er bereits im Salzwerk arbeitet, kommt er selbstverständlich zur Konfirmation von Karl Heiß.
Bis 1964 fährt er viermal heim an die Adria. Im Unterland wechselt er neunmal den Arbeitgeber, darunter die Jute-Fabrik Gebrüder Spohn in Neckarsulm oder Elektro-Kaiser in Heilbronn. Von seinem Lohn, der von monatlich 180 auf 300 Mark klettert, spart er den Großteil. 1963 heiratet er die Nachbarstochter Quaranta Raffaelle aus Adelfia. Als Gastarbeiter hat ihn das Zusammenleben auf dem Bauernhof Heiß am meisten beeindruckt: „Das ist meine zweite Familie geworden!“

Rocco
Konfirmation 1957 von Karl Heiß (vorn links) mit dem Gastarbeiter Rocco Brandonisio als Ehrengast (vorn rechts).

Abrechnung Klein-Martin zählt die Kerben des Buttenträgers.

Honoratiorenrunde

Rot und Weiß Lore Heinrich füllt die „Besen"-Vierteleslgäser.

Wo ein grüner Besen winkt

❐ Die Menschen drängen in den Keller. Viele begnügen sich mit einem Plätzchen auf der Treppe oder einem Stehplatz in der Ecke, bis im *Besen* des Heilbronner Weingärtners Adolf Heinrich in der Schillerstraße 35 ein Stuhl frei wird. Zwei Gustavs haben abgeraten. „In dös Kellerloch geht doch niemand runter!", haben Vater Heinrich und der Steuerberater Schempf gemeint. Der 30-jährige Adolf und Ehefrau Lore geborene Dederer wagen es 1956 trotzdem. Der Erfolg bestätigt sie. Als Wegweiser hängt vor der Haustür der berühmte *grüne Besen.* Früher haben die Wengerter dazu grünen Ginster verwendet. Weil der schnell unansehnlich wird, bemalen sie Birkenreisig mit grüner Farbe. Fertig ist der grüne Mehrwegbesen als Erkennungszeichen. Vom Liebespaar über die arbeitende Bevölkerung bis zur Honoratiorenrunde und *Hautevolee* trifft sich beim *Besen-Heinrich* alles, was Gemütlichkeit schätzt. Zur urigen Stimmung gehört ein mit Schnitzwerk geschmückter Fassboden. Drei Charakterköpfe prüfen Farbe, Geruch und Geschmack des Weins. Weil zum Weintrinken Bildung gehört, wird die Weinprobe italienisch erklärt: „Colore, odore, sapore." Unten fließen aus zwei Hahnen der Trollinger und Riesling.
Für die Heinrichs, deren Stammbaum bis ins 16. Jahrhundert verfolgt werden kann, und die anderen Weingärtner ist es selbstverständlich, dass die ganze Familie im *Besen* und im Weinberg hilft. Klein-Martin lernt schon mal das Rechnen, wenn er bei der Weinlese die Kerben im Stock des Buttenträgers zählt, der damit notiert, wie viele Butten er getragen hat.
Die Heinrichs siedeln 1975 mit Kelter und Wohnhaus in die Riedstraße an den Fuß des Wartbergs. Ihren Weinausschank dürfen sie wegen des Komforts und mehr als 40 Sitzplätzen nicht mehr Besen nennen. Wie die meisten ehemaligen *Besen*-Wirte haben sie für ihr Weinlokal *Zur Baumkelter* eine Gaststättenkonzession. Die Kenner sprechen von einem *Edelbesen.*

Viertele kickt gegen Vesper

Wurst gegen Wein Metzger Fröschle (Mitte, mit Wimpel, von hinten) und Weingärtner Otto Klagholz begrüßen sich vor dem Spiel. Rechts die Weingärtner Hermann Kast, Karl Gsell, Hermann Able, Eberhard Albrecht, Fritz Gurrath. Schiedsrichter ist Tom Fay vom HSV. Den Ball hat Albrecht Pfäffle gestiftet.

❐ Auf dem Knorr-Sportplatz in Heilbronn tritt im April 1951 die Winzerjugend gegen den Metzgergesellenverein zum Fußballspiel „Viertele gegen Vesper" an. Zwei Berufsgruppen der *BMW-Leute* (Bäcker, Metzger, Weingärtner) locken mehr Zuschauer als die VfR-Spiele: 1500. Nicht verschwiegen werden soll, dass man für eine Mark Eintritt auch ein Viertele Trollinger und ein Vesper mit Knackwurst und Kipf bekommt. Die Würste haben die Metzger vorher bei Kollegen gesammelt. Der Trollinger stammt aus einem Weinberg am Wartberg, den die Wengerter gepachtet haben. Ihr Anteil am Erlös dient als Grundstock für ihr Landjugendheim auf der Cäcilienwiese. Weil Wein wertvoller als Würste sei, hat Wengerter-Kassierer Robert Drautz statt 1,5 nur einen Pfennig von den drei Pfennig für ein Brötchen bezahlt. Mit einem 3:1-Sieg revanchieren sich die Metzger um Hans Ludwig Fröschle für die *Pfennigfuchserei.* Ihre Helden sind die Torschützen Helmut Haberkern, Erlenbach, und Fritz Kreiser, Abwehrchef Karl Gebhard, Willsbach, und Regisseur Eugen Schöffler, Eschenau. Das Ehrentor der Wengerter schießt der spätere *Weinpoet* Hermann Able. 1952 gewinnen die Wengerter 7:3, 1953 letztmals die Metzger 3:2.

Auf der Fahrt zur Musterung

„Bonner Frachtgut“ Halt 1959 auf der Allee: Traktorfahrer Fritz Schuh befördert „Bonner Frachtgut“ aus Untereisesheim nach Heilbronn. Im Hintergrund die Hohestraße. Auf dem Grundstück rechts des Wohn- und Geschäftshauses mit den Balkonen wird 1965 die Commerzbank eingeweiht.

❒ „1938 brachte uns der Storch. 1959 holt uns der Strauss.“ Mit dieser Schmunzel-Parole fahren elf Wehrpflichtige des Jahrgangs 1938 aus Untereisesheim 1959 zur Musterung nach Heilbronn. Auf der Allee drehen sie mit ihrem *Gummiwagen* hinter einem Traktor eine Ehrenrunde. Vor dem *Stimme*-Hochhaus legt der 24-jährige Traktorfahrer Fritz Schuh für den Fotografen einen Halt ein.
Nach dem NATO-Anschluss 1955 sind im April 1956 die ersten Wehrpflichtigen zur neuen Bundeswehr eingezogen worden. Für die Musterung in der Region Heilbronn ist das Schwäbisch Haller Kreiswehrersatzamt in der Heilbronner Salzstraße zuständig. Der 38er Jahrgang aus Untereisesheim fährt 1959 gemeinsam zur Musterung. Als Transportmittel wählen sie den Traktor der Landwirtsfamilie Schuh mit Anhänger; statt Zuckerrüben oder Kartoffeln befördert er diesmal „Bonner Frachtgut“, wie es auf der Tafel seitlich heißt. Die Storch-Strauss-Parole ist eine Anspielung auf Bundesverteidigungsminister Franz-Josef Strauß.
Auf dem Anhänger hinten (v. l.): Manfred Müller, Gustav Kolb, Werner Landvater, Hans Siegmann, Adolf Ulrich, Hermann Maurer. Oben stehen Lothar Sülzle, Bruno X, Manfred Bachmayer. Davor sitzen Kurt Wengert, Hans Landvater. Traktorfahrer ist Fritz Schuh.
Der alte Schuh, der an einem Seil unter dem Anhänger mitgeschleift wird, steht für den Untereisesheimer Spitznamen: *Schlappenscheißer.* Neben der Deutung, die Bewohner hätten früher *Schlappen,* also offene Schuhe, statt Stiefel getragen, gibt es eine zweite Version: Als ein Untereisesheimer sah, dass auf seinem Zwetschgenbaum ein Obereisesheimer Pflaumen entwendete, habe er dessen unter dem Baum stehende Schuhe anrüchig gefüllt.

Drei Tanzpaare heiraten Bei den Singers lernt man Tanzen, Knigge und oft den Ehepartner kennen.

Rutschpartie

❒ Neben den Singers strahlt die Tanzschule Wolf am Heilbronner Walzerhimmel. Die Tanzstunde *La Romantica,* Tanzlehrer Georg Wolf und seine ständige Partnerin, Fräulein Wahl, bitten im Februar 1953 zum Schlussball in das Höhenrestaurant *Wartberg.* Nach dem festlichen Ball endet der Abend mit einer ungewöhnlichen sportlichen Leistung. Weil alles vereist ist, rutschen Rosemarie Volz und ihre Tanzstundenfreundinnen im langen Abendkleid auf ihren Lackschuhen durch die Wartberghohle hinunter ins Tal.

Tanz, Knigge und Eheinstitut

❒ Unter den 13 Paaren, die sich 1956 um das Tanzlehrer-Ehepaar Greta und Rolf Singer beim Schlussball im Haus des Handwerks versammeln, sind mindestens drei Paare, die danach heiraten. Die Singers sind nicht nur die ungekrönten Könige des Heilbronner Tanzunterrichts, sondern haben sich mehr oder weniger zu einem Heiratsinstitut entwickelt. Die drei künftigen Ehepaare sind rechts von den Singers der kaufmännische Drögmöller-Lehrling Karl Hochstetter und seine Betti geborene Lechler aus Hohenlohe, links der Langstreckenläufer Horst Karner von der TG Heilbronn und Renate geborene Wörz, dahinter Eberhard und Erna Fischer geborene Krauß. Zum „Darf ich bitten?“ haben sie sich bei der Tanzstunde im Hotel *Vaterland* kennen gelernt, sonntags trifft man sich zum Übungsnachmittag im *Haus des Handwerks.* Neben den Umgangsformen nach Knigge, auf die Singers besonders Wert legen, gehören die Standardtänze wie der langsame und der Wiener Walzer, Tango, Foxtrott oder Rheinländer zum Programm. Am meisten Spaß macht den jungen Leuten jedoch der Boogie-Woogie, der bereits Eingang in den strengen Tanzunterricht gefunden hat.
Interessant ist, dass es in den Tanzstunden der 50er Jahre oft an Frauen fehlt; mehrfach müssen die Singers ihre Schülerinnen bitten, bei anderen Tanzstunden als Tanzpartnerin einzuspringen.

„Käthchen"-Festspiele

❒ Mit dem *Käthchen von Heilbronn* werden 1952 die Deutschhof-Festspiele wieder ins Leben gerufen. OB Paul Meyle spielt als Initiator mit dem Gedanken, die Sprechrollen wie 1928 bis 1932 mit Laienspielern zu besetzen. Dr. Carl Frühsorger, Vorsitzender des Kulturrings, der vom Verkehrsverein um Mitarbeit gebeten worden ist, winkt ab: „Nicht mit mir. Da müssen Profis ran!" Der Kulturmacher von Heilbronn setzt sich durch.

Unter der Regie von Wilhelm Speidel wird die blonde Ruth Niehaus als *Käthchen* verpflichtet. Sie kommt, lässt sich für eine Postkarte fotografieren und sagt dann wegen Angina ab. Statt ihr wird Dorothea Mayer engagiert; sie ist schwarzhaarig, spielt aber ein unvergessliches *Käthchen* an der Seite von Waldemar Leitgeb als Graf Wetter vom Strahl. Die Niehaus ist nie das Käthchen, aber 1954 ein großartiges *Gretchen* im *Urfaust.*

Von den Laiendarstellern um Schlossermeister Willy Lutz und Gipsermeister Geist gibt's nur für Otto Ruddat als *Kaiser* eine kleine Sprechrolle. Die 16-jährige Ingrid Blaich (Berg), ihre Freundinnen Edith Vogler und Annemarie Müller und all die anderen Statisten sind

Das Volk schreit: „Feuer!"
Als Pagen bilden Dorle Schröder (links), Ursel Seid (3. v. l.) und ihre Spielschar eine stumme Kulisse. Als Volk blühen sie auf: „Feuer!"

trotzdem begeistert. Während sie als *Pagen* eine stumme Kulisse bilden, dürfen sie als *Volk* immerhin lauthals „Feuer! Feuer!" rufen.

Mit Eintrittskarten, die Tatjana Frühsorger vorher bei einer Werbetour an Firmen verkauft, haben die Festspiele eine erste finanzielle Basis. Die ausverkauften Aufführungen werden stürmisch gefeiert. OB-Tochter Margarete Meyle, die als Souffleuse hinter dem Holunderbusch sitzt, erinnert sich: „Ich musste kaum eingreifen!" Für die Statisten sind die Begegnungen mit den Schauspielern besondere Ereignisse. Sie genießen die Schlussfeier in der Gaststätte *Röger* in Böckingen und spätere Treffs im Kleinen Theater im Gewerkschaftshaus.

Mit dem *Käthchen* (1953), *Urfaust* und *Anna Susanna* (1954), *Die Räuber* (1955) und *Wilhelm Tell* (1956) von Schiller werden die Deutschhof-Festspiele bis letztmals 1957 *(Der Widerspenstigen Zähmung)* vom Kulturring fortgesetzt.

Das Traumpaar
Dorothea Mayer als „Käthchen von Heilbronn" und Waldemar Leitgeb als „Graf Wetter vom Strahl".

Proben-Pause
Statisten (vorn von links): Edith Vogler, Ingrid Blaich (Berg), Annemarie Müller. Dahinter Helmut Schüchtle und Suse Rehm.

Freilichtbühne in Neuenstadt

❒ Sänger haben 1951 den Burggraben des Schlosses in Neuenstadt am Kocher für das Freilichttheater gerettet. Zunächst soll der Graben mit Schutt aus den Ruinen der im Krieg zerstörten Stadt aufgefüllt werden. Aber dann bauen die Sänger des Liederkranzes für ihr Sängerfest 1951 in den Burggraben eine Freilichtbühne und dazu aufsteigende Sitzreihen.

Als der *Stern*-Saal beim Weihnachtstheater des Liederkranzes zu klein für den Andrang der Zuschauer wird, wechseln die Schauspieler in den Burggraben. Mit dem Heimatspiel *Es zogen drei Burschen* von Martin Schleker eröffnet der Liederkranz 1958 die Freilichtspiele Neuenstadt. Regie führen Fritz Walter und Ernst Tenscher.

Erstes Ensemble Mit „Es zogen drei Burschen" fingen die Freilichtspiele Neuenstadt 1958 an.
Der siebte Darsteller von links mit dem Tiroler Hut spielt noch heute.

Als primitiver Scheinwerfer dient eine 200-Watt-Birne in einem Staniolktrichter.

Das Foto zeigt das Ensemble der ersten Stunde von 1958 (von links): Vorsitzender Karl Hübner, Martin Hertner, Christa Weiß, Martin Schenk, Heide Seitz, Dieter Schenk, Siegfried Rank, Alfred Schaller, Hildegard Bauernfeind, Rudolf Schulz, Sieglinde Bordt, Werner Belz, Isabelle Vogt, Werner Gröninger, Regisseur Fritz Walter. Hinten stehen Otto Beck (links) und Regisseur Ernst Tenscher.

Heute sind die Freilichtspiele Neuenstadt, die 1966 ein Gebäude neben der Bühne als Vereinsheim erworben haben, ein populäres Merkzeichen in der Freilichttheaterszene des Landes. In dem Stück *Die Frauenvolksversammlung* von Aristophanes spielt 2002 sogar noch einer der Darsteller von 1958 mit: Siegfried Rank als ein *Athener.*

Unterwegs
Pause auf der Marathon-Fahrt von Neuenstadt zum NSU-Lido: Familie Weiss

NSU-Lido
Nachbar-Plausch vor dem Weiss-Zelt auf leeren Obstkisten

NSU-Lido an der Adria

❒ *Bella Italia* ruft in den Urlaub. Die Unterländer lockt ein besonders schönes Fleckchen Erde mit einem Hauch Heimat. Familie Weiss aus Neuenstadt ist im Sommer 1957 zur Abfahrt bereit. Vorn auf der NSU Lux sitzt der Vater, hinten decken Koffer und Zeltsack alles fast zu, dazwischen eingeklemmt sitzt die Mutter, die ihre Tochter Ingrid auf ihren Schoss setzt. Ab geht die Fahrt zum NSU-Lido.
Mit Unterstützung der NSU-Motorenwerke haben zwei italienische NSU-Importeure 1955 bei Cavallino an der Adria einen Campingplatz mit dem klangvollen Namen NSU-Lido eröffnet. NSU-Werker Wilhelm Weiss nutzt 1955 mit Ehefrau Alma die Gelegenheit. Das vierjährige Töchterchen Ingrid bleibt daheim bei der Oma.
Als 1956 Familie Weiss mit Verwandten im Auto zum NSU-Lido fährt, darf Ingrid mit auf große Tour. 1957 geht's zu Dritt auf der NSU Lux an die Adria. Abfahrt ist in aller Frühe um 4 Uhr in Neuenstadt. Am späten Abend schlagen sie bei Bozen ihr Zelt auf. Nach einem Erholungstag geht's weiter zum NSU-Lido nahe Venedig.
Zwischen Zelt, Lagerleben, Spielen und Baden tut sich für die kleine Ingrid eine herrliche Urlaubswelt auf. Wenn die Familie Weiss mit den Nachbarn, die meistens auch NSU-Familien sind, vor einem der Zelte auf Kisten vom Obstmarkt zusammensitzt, gibt's viel zu erzählen und zu lachen.
Auf der Rückfahrt besucht die Familie Weiss in Triest eine italienische Familie, die der Vater während der Kriegsgefangenschaft in Italien kennen gelernt hat. Nach zwei weiteren Lido-Fahrten auf zwei Rädern 1958 und 1959 fährt Familie Weiss in den 60er Jahren mit dem eigenen NSU Prinz 4 an die Adria.
Auch wenn der Zeltplatz seit 1972 *Camping Union-Lido* heißt, bleibt er im Bewusstsein der ehemaligen NSU-Werker der legendäre NSU-Lido. Mit 600 000 Quadratmetern ist er heute einer der größten und gepflegtesten Campingplätze an der nördlichen Adriaküste.

Landarbeiter
Jagsthausen '49: „Hannes" ist der Stolz von Rudolf Stöckel: „Das Pferd hat keinen Wagen stehen lassen."

Das Nobelauto
Neckarsulm '57: Ehefrau Dora und Tochter Ute auf der Heimfahrt aus der DDR mit dem Mercedes 170V.

Kaum Zeit für Urlaub

❒ Einmal gönnt sich der Kraftfahrer Rudolf Stöckel aus Klingenberg in den frühen 50er Jahren einen Urlaub. Das ist im Sommer 1952, als der 23-Jährige mit seinem Kollegen Alfred Sänger eine NSU Lux leiht und für zwei Wochen an den Bodensee fährt. Ansonsten arbeitet sich der DDR-Flüchtling von Job zu Job empor.
Bei Nacht und Nebel ist der Sohn eines Fuhrunternehmers aus dem Erzgebirge 1948 in den Westen geflüchtet. Über das Durchgangslager Kornwestheim kommt er 1949 nach Jagsthausen zum Gutspächter Willi Schmutz, für den er mit einem Pferdegespann den Dung auf den Acker fährt. Ab 1950 steuert er eine Zugmaschine für die Baumschule Kotte aus Sontheim, transportiert Sauerstoff- und Gasflaschen für die Heilbronner Firma Köhnlein, wechselt 1953 zur Firma Zehner, befördert ab 1954 im Export-Taxi von Hermann Haas aus Klingenberg die US-Soldaten und steigt 1956 auf die Spezialtransporter von Gerhard Henkel um.
Nachdem er 1956 die Nordheimerin Dora geborene Rudolph geheiratet hat, fährt er Schüttgut für Hermann Sinn; zum Lohn gehört eine Wohnung in Nordheim für die junge Familie. Mit Ehefrau und Tochter Ute besucht er 1957 seine Eltern in der alten Heimat. Sein Gefährt ist ein Mercedes 170V. „Guck den Rotzbub an", sagt der Schifferdecker beim Anblick des Nobelwagens zum alten Stöckel, „der Rotzbub hat das Auto, von dem wir schon lange träumen."
Mit ihrer inzwischen auf vier Kinder gewachsenen Familie ziehen die Stöckels 1966 in ihren Neubau in Stebbach. 1995 gründen die Söhne Klaus und Hartmut Stöckel in Ittlingen eine Firma für Fahrzeug-Technik und -Bau. Und wer arbeitet mit? Der Vater.

Zwei in der Wanne Für Anne (links) und Schwester Elfriede ist der Badetag „ein toller Spaß“. Mutter Anna Holzhauer schaut zufrieden auf ihre Töchter.

Ziel ist ein Eigenheim

❒ „Zufriedenheit und Glück hatten damals ganz andere Werte“, erinnern sich die Schwestern Anne Bauer und Elfriede Pilz, geborene Holzhauer, aus Bad Friedrichshall an ihre Kindheit in Höchstberg. Sonntags ist Badetag. Obwohl die Mädchen 1953 nur in eine Blechwanne hüpfen können, in der sonst die Wäsche gewaschen wird, ist das ein toller Spaß. Und ein US-Feldbett dient als Sofa.
Die Eltern sind 1949 als Heimatvertriebene aus Jugoslawien gekommen; Mutter Anna mit ihren Eltern Katharina und Franz Getto, Vater Stefan Holzhauer zuletzt direkt aus der Kriegsgefangenschaft. Ein Zimmer in einem Bauernhof in Höchstberg bietet den ersten Unterschlupf, bevor sie in eine Zwei-Zimmer-Wohnung ziehen. Nach Anfängen beim Straßenbau zwischen Höchstberg und Tiefenbach arbeitet der Vater als Maschinenschlosser beim Böhringer in Oedheim. 1950 wird Anne geboren, 1952 folgt Schwester Elfriede.
Bevor ein Fotograf die goldigen Mädchen auf der Straße fotografiert, hat er ihnen einen Lutscher geschenkt. Anne greift begeistert zu, Elfriede lehnt skeptisch ab. Tage später will der Fotograf die gerahmten Bilder recht teuer an die Mutter verkaufen. Wegen des Preises muss sie ablehnen, obwohl ihr die Aufnahmen gefallen. Einige Zeit danach kommt der Fotograf erneut und verkauft die Bilder ungerahmt.
Ziel der Holzhauers ist ein Eigenheim. In Eigenarbeit hebt Vater Holzhauer 1954 die Baugrube in Untergriesheim aus, Bekannte und Verwandte helfen. Einzug ist 1956. Die Holzhauers haben in der neuen Heimat ein eigenes Häusle.

Hausbau 1954 Verwandte und Bekannte helfen den Holzhauers beim Hausbau. Vorn (v. l.) Tochter Anne, das Nachbarskind Gerlinde Wilhelm und Elfriede. Hinten (v. l.) die Großeltern Getto, Onkel Peter Getto, sein Sohn Anton und Mutter Anna. Vater Stefan fotografiert.

Neue Heimat für viele

❒ Zu den Heimatvertriebenen, die im Unterland eine neue Heimat finden, gehören viele Ungarndeutsche. 1946 kommen die Martins aus der Nähe von Budapest mit einem Massentransport aus Ungarn im Viehwaggon in Heilbronn an. Zwei Wochen lang leben sie in einem der in der Hafenstraße abgestellten Waggons, in denen jeweils etwa 30 Personen hausen. Auf einem Spiritusbrenner kocht Mutter Maria in einem Sechs-Liter-Hafen das Essen für die Großfamilie. Viele Einheimische leben damals nicht viel besser. Nächste Station für die Martins ist Eberstadt, bis sie 1954 für 4200 Mark die Ruine Achtungstraße 24 in Heilbronn kaufen. Mit viel Eigenarbeit bauen der 52-jährige Uhrmacher Franz Martin und seine Maria das Haus auf, in das sie 1956 mit ihren Eltern, vier Töchtern und zwei Söhnen einziehen.
In Heilbronn steigt der Anteil der Heimatvertriebenen an der Gesamtbevölkerung von Ende 1950 bis Ende 1957 von 6,6 auf 14,6 Prozent: Von 82 000 Einwohnern sind 12 006 Heimatvertriebene.

Glücklich Die Martins mit drei Töchtern 1958 vor ihrem Haus in der Achtungstraße 24 in der Heilbronner Bahnhofsvorstadt. Links Anna und Theresia (verheiratete Alfons) mit ihrem kleinen Hansjörg, rechts Julia Martin.

„Neckarhof“

❒ Ein beliebter Treffpunkt der jungen Ungarndeutschen in Heilbronn ist in den 50er Jahren die Gaststätte *Neckarhof* in der Unteren Neckarstraße. Auf dem Foto von 1957 gesellen sich geflüchtete ungarische Fußballspieler dazu. Fünfter von links ist der Wirt Szabo mit Oberlippenbärtchen, ein echter Ungar. Rechts die Ungarndeutschen Martin Lawinger und Franz Heim aus Brackenheim. Die drei jungen Damen im Vordergrund sind (v. l.) Julia und Anna Martin und ihre Nichte Theresia.

Mit „Victoria" und Haartolle

❒ Vergnügt setzt sich die 18-jährige Irene Kurtz aus Heilbronn 1950 auf der 250er Victoria von Hans-Ulrich Köhler in Pose. Das Steuern der Maschine mit 100 km/h Höchstgeschwindigkeit überlässt sie dem Mann, den sie zwei Jahre später heiratet. Im Korbkinderwagen, den sich Familie Köhler ausgeliehen hat, sitzt 1954 ihr erster Sohn Hans-Uwe, dem 1957 der kleine Jürgen folgt. Die lustige Haartolle lieben und frisieren Mütter zu allen Zeiten. „Im Rückblick wäre es besser gewesen, wir hätten statt des Motorrads einen Bauplatz im Rampacher Tal gekauft", schmunzelt der Familienvater. „Aber wir wollten das Leben genießen. Dafür haben wir auch geschuftet wie die Ochsen." Der 27-jährige Köhler ist 1949 aus der sowjetischen Kriegsgefangenschaft heimgekehrt. Zum Studieren hat der Abiturient des Karlsgymnasiums von 1940 keine Lust mehr. Als Volontär beginnt er 1950 bei der Lichdi-Zentrale in der Happelstraße. Als Obsteinkäufer und Disponent ist er für 70 Filialen zwischen Stuttgart, Ansbach, Walldürn, Sinsheim und Ludwigsburg zuständig. Die 1904 in Heilbronn gegründete Lebensmittelkette ist damals ein florierendes Unternehmen, das in den 70er Jahren wieder von der Bildfläche verschwindet.

Mobil in die Zukunft Ein Motorrad für die Eltern und ein geliehener Korbkinderwagen für den Nachwuchs

Als Dieter die erste Kuh sah

❒ Misstrauisch beäugen sich der zweijährige Dieter und die weißschwarz gefleckte Kuh 1952. Der Junge ist der Sohn von Helmut und Lieselotte Gawliczek, Tochter des Malermeisters Walter Hoffmann aus der Heilbronner Bahnhofsvorstadt. Gawliczek stammt aus Schlesien. 1945 ist der 25-Jährige als Kriegsgefangener in das Lager auf der Trappenhöhe gekommen. Wie viele Schicksalsgefährten bleibt er nach seiner Entlassung 1947 im Unterland.

Begegnung Bei einem Ausflug der Heilbronner Familie Gawliczek sieht Klein-Dieter im Sommer 1952 auf einer Wiese im Unterland die erste Kuh seines Lebens. Mienenspiel und Kopfhaltung von Mensch und Tier lassen viele heitere Interpretationen zu. Die Kleidung des goldigen Wuschelkopfes hat Mutter Lieselotte wie viele Mütter dieser Zeit selbst geschneidert: ein buntes Hemd, dunkelblaue kurze Hose und selbst gestrickte Kniestrümpfe.

Frühling

Zwillinge Erika (links) und Friedlinde Vogel (Molnar) aus der Heilbronner Nordstadt mit Hahnenkammfrisur 1951 auf einer Frühlingswiese

Unterländer Woche mit Eisbär Eine Begegnung der besonderen Art hat die kleine Helga Ottenbacher 1951 bei der Unterländer Woche in Heilbronn. Als Fotopartner für kleine und große Kinder spaziert ein als Eisbär verkleideter Mann durch die Schau der Landwirtschaft im Stadtgarten. Ängstlich schmiegt sich Helga an Mutter Lina. Rechts hat der kaufmännische NSU-Angestellte Albert Ottenbacher alles im Griff. Helga Block geborene Ottenbacher: „Ich hatte eine Riesenangst vor dem Biest!"

Horexparade

❒ Die Horex gilt 1951 als das höchste der Gefühle auf zwei Rädern. Begeistert spielen die zwei Mädchen im Hof der Neckarsulmer Straße 11/13 in Heilbronn „Rennfahrerles" auf den abgestellten Motorrädern von Bekannten. Links strahlt Brigitte Ludt, deren Vater erst 1950 aus russischer Kriegsgefangenschaft heimgekehrt ist, rechts lacht Helga Rohrbach in die Kamera. Besitzer der Motorräder sind Josep Keck und Helmut Siebenhorn, die sich häufig mit Hans Hochstetter auf seiner NSU Max zu Spazierfahrten treffen.

Spazierfahrt

❒ Einen Roller mit Gummireifen und Bremse hat die fünfjährige Susanne Schmeißer (Grund) aus der Heilbronner Dammstraße an Ostern 1958 geschenkt bekommen. Ziel der ersten Ausfahrt mit der großen Schwester Birgit (Debis), die ihre Zöpfe als lustige *Affenschaukel* trägt, und Kusine Isabel Rothley, die am Lenkrad steht, sind die Spazierwege im Alten Friedhof.

Tante Erika und ihre 49 Buben und Mädchen

❒ Die Mädchen und Buben des Scherwegkindergartens in Heilbronn haben sich mit Kindergärtnerin Ruth Gruoner und Kindergartenhelferin Erika Krauß im März 1956 zum Gruppenfoto versammelt. Ihr Liebling ist die 15-jährige „Tante Erika" (links oben). Als sie 1955 ihre Stelle für die Lehre als Einzelhandelskauffrau aufgeben will, weinen die Kinder so lange, bis sie verspricht: „Ich bleib' noch ein Jahr." Zur unbeschwerten Kindergartenzeit gehört das Vesper, das die Kinder in der Blechdose oder in ihrem Lacktäschle mitbringen, Mittagessen gibt's zu Hause, nachmittags werden sie mit einem Gebet auf den Heimweg geschickt. Das Foto zeigt in der 1. Reihe (v. l: Brigitte Kast, Herbert Ströbel, Kurt Heinrich, Hartmut Rudnik, Michael Binder, Erhard und Karl-Heinz Blauig, Thomas Schneider, Matthias Lehmann, Bernd Hellriegel. 2. Reihe: Ursula Hildebrandt, Monika Lehmann, Angelika und Udo Pfeiffer, Martin Kast, Rose Traub, Walter Kast, Erika Dautel, Dietmar Chur, Silvia Heinz, Stefan Roder, Gabriele Lange. 3. Reihe: Manfred Röser, Sabine Hirner, Karin Zimmermann, Renate Fischer, Inge Rohrbach, Roland Blum, Martin und Dorle Schraag, Hansi Pichleritsch, Traude Rohrbach, Sybille Heinz, Rudolf Mozer. 4. Reihe: Christa Schuh, Ruth Heimerdinger, Inge Metzger, Sieglinde Steinmaier, Brigitte Bosse, Astrid Geist, Albrecht Hartmann, Brigitte Schenk, Dieter Moser, Manfred Steinmaier, Dorle Röhm, Kindergärtnerin Ruth Gruoner. 5. Reihe: Erika Krauß (heute Inhaberin der Papeterie Laumen in der Post-Passage), Albrecht Brauchard, Wilma Kleinhans, Klaus-Peter Oehler, Ulrich Preuninger.

Scherwegkindergarten 1956

Kraichgau 1950 Willi Zorn auf dem Weg zur Eppinger Volksschule in der Kaiserstraße

Heilbronn 1954 Doris Edelmann (Aldinger) aus der Happelstraße freut sich auf die Silcherschule.

Neckarsulm 1954 Der Heilbronner Rainer Hiller muss 45 Minuten in die Bleichschule in Neckarsulm laufen.

Heilbronn 1958 Irene Kolb (Seeburger): Vom Silcherplatz zur Silcherschule ein Katzensprung

Weibertreu 1953 Mutter Agathe Pfeifer begleitet ihren Rudi in die höchste Schule der Stadt: Die Weinsberger Volksschule liegt laut Stadtbaumeister Colberg 216,50 Meter über Normalnull.

Abc-Schützen

❐ Zwei Mädchen und drei Buben blicken auf den Fotos aus den 50er Jahren gespannt dem ersten Schultag entgegen. Manche Abc-Schützen wie Rainer Hiller sind 45 Minuten und länger zu Fuß bis zur Schule unterwegs. In seinem jungen Leben spiegelt sich ein Hauch der Wirren und Not jener Zeit. Sein Vater, der Schreiner Anton Hiller aus Auenstein, hat in den letzten Kriegstagen 1945 im Rheinland die Gertrud kennen gelernt, die ihm nach der Heirat 1947 an den Neckar folgt. Der 29-Jährige arbeitet gleich 1945 als Technischer Angestellter beim Bauhof der Stadt Heilbronn, die ihm zum Gehalt einen Wohnraum im Bürogebäude der Kläranlage im Eisbiegel bietet.
Weil die Bleichschule in Neckarsulm näher liegt als die Dammschule in Heilbronn, wandert der kleine Rainer Hiller ab 1954 mit Sondererlaubnis von der Austraße 146 in die Nachbarstadt. Die berühmte Hoover-Schulspeisung gibt es seit 1950 nicht mehr, sein Vesperbrot trägt er in einer Blechdose aus Wehrmachtsbeständen. Ab der fünften Klasse, in die er in die Neckarsulmer Johann-Häussler-Schule wechselt, fährt er mit dem Fahrrad zum Unterricht. Das Zweirad hat der Vater aus Einzelteilen kaputter Fahrräder vom Müllplatz zusammengebastelt.

Erziehung mit „Tatzen"

❐ Das erste Schuljahr verbringt die „halbe Nordstadt" der Jahrgänge 1949 und 1950 in der Kübelschule. Spötter sagen *Baumschule,* weil das Klassenzimmer im 1. Stock der früheren Heilbronner Obstbaumschule in der Kübelstraße untergebracht ist. Heute dient der Raum als Ballettsaal der Jugendkunstschule.
Um die fast 50 Kinder in Griff zu bekommen, verteilt Klassenlehrer Haußmann bei Störungen notfalls Tatzen. Wenn der Lehrer den Störenfried nicht kennt und die Klassenkameraden ihn nicht verraten, müssen alle aufstehen und eine Hand ausstrecken. Der Lehrer geht durch die Reihen und fetzt mit einem kleinen Rohrstock auf die Handflächen. Für grobe Verstöße gibt's *Hosenspannes.* Der Übeltäter muss sich über die Bank lehnen und bekommt Hiebe auf das Hinterteil. Einer der Schüler, der meistens ahnt, dass er heute dran ist, zieht an solchen Tagen vorsorglich immer eine Lederhose an.
Zu den bleibenden Erinnerungen zählen der Gestank und das Gequieke, die von einer Schweinezucht in der Faißtstraße bis zur Schule durchdringen. Dort hält auch der Milchwagen, bei dem zwei Schüler vor der großen Pause mit einem Leiterwagen die Milch und den Kakao für die Klasse abholen.
Das Klassenfoto zeigt (1. Reihe unten v. l.): Christa Creszio, Erika Vogel (3.), Evelyne Großmann (7.), Brigitte Kurrer (8.). 2. Reihe: Monika Bauer (5.), Hildegard Müller (8.), Rosemarie Krause, Helga Kellerer, Ingrid Jandt, Uli Bart Mögle, Roland Christ. 3. Reihe: Friedlinde Vogel, Inge Maier, Ines Leist, Ingrid Schindler, Brigitte Rube, Waltraud Zeheter, Jutta Sigel, Helmut Haag (9.), Reinhold Munz (12.), Lehrer Haußmann. 4. Reihe: Dieter Kaiser, Gerhard Labs (4.), Philipp Plaß, Peter Ebner (7.), Dieter Schuck, Hans-Ulrich Paulus (10.), Klaus Haberer (12.), Dieter Späth.

„Alles brave Gesichter" Friedlinde Molnar (Vogel) erinnert sich.

Alle in einem Klassenzimmer

❒ Begeistert hat sich die Schuljugend von Gundelsheim-Böttingen 1954 vor ihrer Zwergschule aufgestellt. Alle Mädchen und Buben der 1. bis 8. Klasse werden vom einzigen Lehrer Andreas Haas (links) in einem Klassenzimmer gemeinsam unterrichtet. Seine Tochter, das Gretele, hält die Schultafel mit dem Datum. 1. Reihe (v. l.): Klaus Majer, Gerhard Thauer, Marianne Schadt, Herbert Betz, Margarete Haas, Karl-Heinz Bekert, Elsbeth Schad, Erich Thauer, Vera Markof, Willi Schad. 2. Reihe: Margarete Bekert, Gertrud Weisser, Marianne Thauer, Elisabeth Haas, Helga Feil, Rudolf Pröschle. 3. Reihe: Lissy Perlinger, Marga Weisser, Käthe Perlinger, Walter Markof, Günter Schad. 4. Reihe: Helgrid Grosczyk, Carmen Grimm, Annemarie Schrank, Hans-Dieter Thauer, Eberhard Rapp, Jürgen Grosczyk, Willy Pröschle. 5. Reihe: Magda Perlinger, Heidi Betz, Karin Grosczyk, Eckehard Adam, Manfred Pröschle. 6. Reihe: Liane Feil, Gertrud Schadt, Erwin Bock, Reinhold Pröschle, Winfried Haas. 7. Reihe: Anita Feil, Rita Schad, Roswitha Pröschle, Wolfgang Haas, Leonhard Weisser, Karl Vogt, Werner Müssig.

Ehepaar Zwei der Böttinger Schulkinder von 1954 sind heute ein Ehepaar: Klaus Majer (vorn 1. v. l.) und Marianne geborene Schadt (3. v. l.).

Zwergschule
Neben den klassischen Schulfächern lernen die Schüler einer Zwergschule auch praktische Tätigkeiten und Mitverantwortung für die Jüngeren, wie Peter Klotz in Böttingen recherchiert hat. Zu den Aufgaben der Älteren gehört 1954, den Ofen des Klassenzimmers immer ordentlich zu schüren. Außerdem werden sie als Helfer beim Unterrichten der jüngeren Schüler eingesetzt. Wenn neben der Schule gebaut wird, werden häufig Achtklässler als Handlanger zum Dachdecken abkommandiert. „Geschadet hat es uns nicht“, sagen die Helfer von damals.
Eine tolle Leistung 2002: Mit Hilfe der Klassenkameraden von 1952 hat Marianne Majer alle Gesichter auf dem Foto identifiziert.

Schülerparade Kirchhausen

Das Fahrradschiff

Mit Fliege und Zylinder

❒ In Siegelsbach kennt jeder Dreikäsehoch den Spruch: „Hofmann, Mann und Wagenbach, die regieren Siegelsbach!“ Und für Kirchhausen gilt, so munkelt Heilbronn: Wenn man nicht gleich wisse, wie jemand heißt, dann sei er bestimmt ein Senghaas. Einer von ihnen ist der achtjährige Rudolf Senghaas, der 1956 beim Festzug der Kirchhausener Volksschule in der Gruppe des Jahrgangs 1948 (Foto oben) links vorn mitmarschiert. Mit Zylinder, schwarzer Hose, Fliege und weißem Hemd haben die Eltern ihre Buben als schmucke kleine Herren herausgeputzt. Im Hintergrund das Deutschordensschloss, links das Waaghäuschen für Kraftfahrzeuge und Vieh. Schon am Sonntag vorher hat der Männerchor Cäcilia sein Sängerfest mit einem Kinderfest bereichert. Zum Festzug fährt die katholische Jugend mit einer Radlergruppe (Foto rechts). Ihre Attraktion ist das auf ein Fahrrad montierte weiße Schiffchen *Möwe*, gesteuert von *Kapitän* Hans Kern. Zu den Höhepunkten der 50er Jahre zählt die Fernsehübertragung der Krönung von Königin Elisabeth II. 1953; dazu trifft sich „das halbe Dorf“ beim Gastronomen Ewald Heiler im Vereinshaus der katholischen Kirche. Klein-Rudolf staunt damals mit offenem Mund über das Märchen, das über den Bildschirm flimmert.

Siegelsbacher Fußballbuben

Freizeit im Brühl 1950
Vorn sitzen (v. l.): Horst Wagenbach, Roland Franke, Eduard Steffan, Joachim Bühler, Alfred Geppert, Klaus Widmann. Stehend: Edwin Rieckert, Oskar Hofmann, Franz Gramling, Fritz und Walter Hofmann, Stefan Rath, Kurt Scheuermann, Ernst Sigmann, Kurt Holoch

❒ Nur etwa 50 Meter vom Siegelsbacher Marktplatz entfernt fängt 1950 für die Fußballbuben des Dorfes das Paradies an. Hier auf einer Baumwiese im Brühl kicken sie jeden Nachmittag. „Morgens Schule, mittags Fußball", erinnert sich der damals 14-jährige Oskar Hofmann. „Es gab ja nix anderes." Im Winter muss Oskar manchmal auf den geliebten Fußball verzichten. „Heute musst du daheim bleiben", hat Mutter Elise gesagt, „ich muss deine Strümpfe waschen." Dann ist Oskar traurig, weil er nur dieses eine Paar Kniestrümpfe besitzt.
Die Buben kicken damals alle in der A- und B-Jugend des SC Siegelsbach. Aber für den täglichen Kick ist ihnen der Weg zum Sportplatz draußen Richtung Muna-Gelände zu weit. Lieber jagen sie gleich nebenan im Brühl den Ball. Ja, der Ball, der ist ein Problem. Der Sportclub hat nur einen Fußball. Dabei handelt es sich um eine verschnürte Lederhülle mit einer Gummilunge, die mit einer Pumpe aufgeblasen wird. Dass die Verschnürung beim Kopfball wehtut, verschmerzen die Buben. Aber wenn sie den Ball ausleihen wollen, muss Ballwart Gerhard Schweikert oft abwinken: „Geht nicht. Der ist in Reparatur beim Schuster." Dann wird eben mit einem Tennisball gekickt. Wer den aus der Hosentasche kramt, ist der *King* und darf die Mannschaften einteilen. Die Begeisterung der Buben regt einen Fotografen aus Haßmersheim zum Gruppenfoto an. Keck blicken die Buben in die Kamera, einige mit kess umgedrehter Mütze.
Die fröhlichen Gesichter überstrahlen die bescheidene Kleidung. Dass Not auch in den großen Städten herrscht, merken die Buben häufig. Wenn fremde Frauen in Siegelsbach unterwegs sind, heißt es: „Die Trümmerfrauen von Mannheim sind da." Die Frauen betteln von Haustür zu Haustür. Meistens bekommen sie nur eine Kartoffel. Aber nach einem Tag Siegelsbach steigen sie abends mit vollen Kartoffelsäcken in den Zug. Die Siegelsbacher kennen selbst die Not und helfen, so gut sie können.

„Freibad" auf dem Leiterwagen

Tanz der Kreuzgrundmädchen

Oase im Kreuzgrund

❒ Die Menschen östlich der Heidelberger Straße sind zunächst Kreuzgrundler, dann Böckinger und erst zum Schluss Heilbronner. Die Heimstättensiedlung von 1936, die 1937 zur Ernst-Weinstein-Siedlung wird, greift nach Kriegsende und Besatzungszeit den Namen ihres Gewanns auf, wächst und entwickelt ein bodenständiges Selbstbewusstsein. Heute gehört auch der Hintere Kreuzgrund jenseits der Saarlandstraße um die Florian-Geyer-Straße dazu.
Für das Kinderfest stellen die Familien jedes Jahr kleine Festwagen zusammen. Schelmisch fordern die Pfeffers und Tablers 1952 auf ihrem Leiterwagen ein eigenes Freibad für den Kreuzgrund. Auf dem Foto links oben zieht der zwölfjährige Herbert Tabler hinter dem Pärchen Bruno Wurst und Christel Beckert im Starenweg den *Freibad*-Wagen, den Wagnermeister Albert Pfeffer gebastelt hat. Auf dem Gefährt tummeln sich Annemarie, Christel und Jürgen Pfeffer in einer Badewanne mit Dusche. Begeistert folgen Klaus Natter und die ganze Kinderschar. Hintergrund des Freibad-Scherzes ist das Ärgernis, dass die Kreuzgrundler in das Frankenbacher Freibad gehen müssen, weil das einzige Heilbronner Freibad in der Neckarhalde noch weiter entfernt ist. Herbert Tabler erinnert sich, dass die „Siedlinge", wie sie von den Frankenbachern genannt werden, „nicht so recht willkommen waren. Es gab manche Keilerei." Das zweite Heilbronner Freibad Gesundbrunnen wird erst 1967 eingeweiht.
Auf dem Foto unten wagen die Mädchen auf dem Festplatz beim Hofweg ein Tänzchen. 1. Reihe (v. r.): Marlene Dieterich, Gisela Munz, Hannelore Horn und Margarete Tabler. 2. Reihe (v. r.): Ruth Klenk, Erika Drauz und Irene Fischer. Meerschweinchenrennen, Kletterbäume, Büchsenwerfen und *Reifeln* mit Fahrradfelgen, eine Tierschau der Kleintierzüchter des Siedlervereins und Stände vom Milch-Fischer (später Vivo), von Franz (Edeka) und der Metzgerei Hagener bereichern das Fest.

Schullandheim Mit Lehrerin Amalie Schirmer (links im Hintergrund) auf dem Haigern

Einweihung Neubau 1951 für die Mädchenmittelschule und die Pestalozzischule in der Gartenstraße. Für die Mittelschülerinnen dankt Ursula Schmid. Links OB Meyle.

Note 1 für Lehrerin

❒ Für ihr strenges Regiment, zu dem auch Tatzen mit dem Rohrstöckchen gehören, ist die Klassenlehrerin Amalie Schirmer in der Heilbronner Mädchenmittelschule berühmt-berüchtigt. „Erst später wurde uns bewusst", meint Ursula Burkert geborene Schmid im Rückblick, „dass sie eine tolle Lehrerin war, die für uns Schülerinnen nur das Beste wollte." 1950 organisiert Fräulein Schirmer für die Klasse V eine achttägige Wanderung auf der Schwäbischen Alb. Für eines der 25 Mädchen, das kein Geld hat, finanziert sie den Ausflug. Als die 15-Jährigen einmal müde vom Wandern sind, beschafft sie einen Bus: „Klapprig, aber fahrtüchtig."

Im Stadtschülerrat bekommt Ursula Schmid als Schulsprecherin einen heiklen Auftrag; sie soll sich an ihrer Schule dafür einsetzen, dass der Erlass, Lehrer dürften nicht mehr schlagen, vollzogen wird. Nach ihrem Vorsprechen beim Rektor Bleher macht dieser auch Kollegin Schirmer auf die neuen Zeiten aufmerksam. „Ich bleibe bei meiner Methode", sagt sie, greift aber nur noch selten zum Rohrstöckchen.

Als letzte Klasse der Mädchenmittelschule legen Fräulein Schirmers Mädchen die mittlere Reifeprüfung 1951 als Gäste der Dammschule ab. Den Umzug in das neue Schulhaus an der Gartenstraße, in das auch die Pestalozzischule einzieht, erleben sie als Festakt.

Gudrunlied Theater (v. l.): Anneliese Dähn (Ott), Gerda Rebholz (Lehmann), Gisela Haack (Stuiber), Maya Eschenlohr (Forouhideh), Ursula Schmid (Burkert), Annerose Heider (Heider-Rauch), Doris Egner (Pesch)

Ursula Schmid freut sich auch im Namen der Mitschülerinnen über den Neubau.

Mit dem Theaterstück *Das Gudrunlied* auf den Spuren der deutschen Heldensagen umrahmt die Klasse VI die Einweihung. Als die Mädchen Anfang 1951 mit dem Einstudieren beginnen, haben die meisten noch lange Zöpfe, von denen während der Proben mehrere verschwinden und mit Dauerwellen enden. Zum Abschluss überrascht Fräulein Schirmer „meine Mädchen" mit acht Tagen im Schullandheim auf dem Haigern. Die Schulzeit endet mit Waldspaziergängen, Spielen, Referaten von Experten und Benimm-Regeln.

Haushaltungsschülerinnen 1951

Konflikte um Freiheit

❒ Das Streben der Jugend nach mehr Freiheit irritiert Eltern. Friedlinde Holtmann geborene Lutz: „Mädchen sollten etwas Anständiges lernen, das wir als Ehefrau und Mutter einfach können müssen." Dazu gehört 1951 für die 16-Jährige die Haushaltungsschule neben der Grünewaldschule in Böckingen. Die Fächer reichen von Deutsch und Erziehungslehre über Kranken- und Säuglingspflege bis zu Waschen und Handarbeit. Das Gruppenfoto 1951 (v. l.) zeigt Toni Reger, Traudel Westiner, Friedlinde Lutz, Lehrerin Elfriede Dallmus, Waltraud Schäfer, Gisela Ocker, Margot Link, Ursula, Inge Metzger, Helga Baumann, Ursula Braunbeck und Margret Weller.

Party bei „Franzi"

❒ In der Mädchenrunde ist nur ein Junge zugelassen. Auf der Weipert-Terrasse in der Gundelsheimer Straße in Heilbronn hat *Franzi* 1950 ihren Freundeskreis zur Geburtstagsparty um sich versammelt (stehend von links): Rosemarie Volz, Renate Drautz, Manfred Lembke, Franziska Weipert, Gudrun Zick, Ursula Lembke und Heidi Werner.

Lehrer tragen weiße Mäntel

Abschlussklasse der Knabenmittelschule 1952 Vorn (v. l.): Rektor Friedrich Kazenwadel, Alfred Reich, Roland Rottler, Walter Heinle, Heinz Schofer, Herbert Kienzle, Roland Spänle, Harald Durst. 2. Reihe: Otto Kalmbach, Erwin Witte, Walter Maier, Hans-Peter Klenk, Arnold Böckle, Herbert Grund, Roland Schmitz, Günter Teichmann, Manfred Henninger, Klassenlehrer Paul Zechmeister. 3. Reihe: Willi Müller, Werner Räuchle, Klaus Weisser, Heinz Schilpp, Peter Werner, Karl Wolfgang Röger, Manfred Walter, Horst Wels, Wolfram Burk, Peter Wohlleber

❒ Schulzeit ist jene Zeit, die man erst in der Erinnerung begreift und genießt. Dass verklärt wird, schmälert nicht ihren Wert. Als im April 1952 die Abschlussklasse der Heilbronner Knabenmittelschule verabschiedet wird, liegt hinter Manfred Henninger und seinen Klassenkameraden eine unvergessliche Schulzeit. Nach Anfängen in der Alleeschule in Böckingen, die im zerstörten Heilbronn auch Volks- und Oberschulklassen beherbergt, gastiert die Mittelschule seit 1949 in der Rosenau-Volksschule.

Typisch für deutsche Schulen ist, dass damals Lehrer weiße Mäntel tragen und Hitler und die NS-Zeit in Geschichte ausgeklammert werden. Zu den Ausnahmen gehört Französischlehrer Richard Aichroth; er trägt Lederhosen. Schmunzelnd erzählt Klassenlehrer Paul Zechmeister, dass er eine 10er-Ehe führe: „Meine Frau ist die 1." Neben Wissen vermittelt er Kritikfähigkeit und soziale Kompetenz. „Schüler, lernt Steno! Mir hat es das Leben gerettet!", verkündet Otto Pexider; wegen seiner Stenokenntnisse kam er in russischer Kriegsgefangenschaft auf die Schreibstube und nicht nach Sibirien.

Als Religionslehrer Heinz *(Gorilla)* fordert, die Schüler sollten brav die Hände auf den Tisch legen, antworten die 15-Jährigen mit der *Maikäfer-Aktion.* Jeder bringt Maikäfer mit, die in der *Reli* freigelassen werden. Dass es nach dem wilden Gesumse im Klassenzimmer Strafarbeiten hagelt, trübt nicht die Freude über ihr geglücktes Aufmucken. Als Mutprobe gilt zum Unwillen von Sportlehrer Hans Bastian der verbotene Sprung von der Balustrade im Stadtbad ins Schwimmbecken. Beim Schreibmaschinen-Unterricht in der Mädchen-Mittelschule verbietet eine Lehrerin, die Wert auf die Anrede Fräulein legt, jeden zaghaften Kontaktversuch mit dem anderen Geschlecht.

Zur Disziplin gehört die Anordnung, dass alle Schüler nach der Pause antreten und in Zweier-Reihen in die Schule gehen müssen. Henninger und seine Freunde scheren aus. „Rechts schwenkt! Marsch!", dirigiert einer. Und alle marschieren ins Aborthäuschen. Als Strafe wird der Musikunterricht gestrichen und stattdessen Englisch gepaukt.

Eines der englischen Gedichte wendet sich gegen das Mittelmaß: „Work while you work and play while you play. That is the way to be happy and gay. All things you do, do with all your might. Things done by half are never done right."

Raumstation Weinsberg

❒ Phantasie ist gefragt. Die fünfte Klasse des Progymnasiums Weinsberg beteiligt sich 1951 mit der *Raumstation Mond* am Umzug zum Weibertreu-Herbst. Einer der *Mondmenschen* ist der zwölfjährige Klaus Lache; die aus dem Riesengebirge stammende Familie Kurt und Hildegard Lache ist 1945 mit ihren drei Kindern vor den Russen auf einem Schiff über die Ostsee geflohen und hat sich nach einer Zwischenstation in Flensburg 1950 in Erlenbach angesiedelt. Unter den *Außerirdischen* kniet Klaus vorn als Zweiter von rechts mit Kürbiskopf. Rechts hinter ihm steht mit Motorradkappe sein Freund Dieter Beck, dessen Schwester Margot links von Klaus die *Mondfrau* spielt.

Außerirdische

Klassenfoto 1954 1. Reihe (von links): H. Peter Mjelnek, Günther Hamann, Wolfgang Gruner, Erich Adolf, Erika Jilly, Inge Kraft, Hildegard Scheuermann. 2. Reihe: Klaus Lache, M. Kugler, Gerhard Lichy, Elisabeth Schmidt, Sigrun Spitzbart, Maria Thomas.
3. Reihe: Wolfgang Österling, Peter Lichy, Werner Rau, Walter Beer, Dr. Bezner, Irene Wörner, Brunhilde Hornbogen. 4. Reihe: F. Hayder, Fritz Teufel, Rolf Albrecht, Werner Beck, Ellen Wolfien. 5. Reihe: Bernd Huber, Erich Müller, Hermann Klein, Monika Feucht, Christa Martens.
6. Reihe: Rolf Kretzer, Hagen Steinbrenner, Gerhard Kretzer, Ekhardt Fröhlich, Waldemar Bauer

Alle Waldheimkinder auf einem Bild von Photo-Mell
Viele Heilbronner, die heute selbst Kinder und Enkel haben, strahlen 1950 im AWO-Waldheim in die Kamera von Photo-Mell aus Böckingen. Links oben eine Teilansicht der Anlage beim Jägerhaus.

Eröffnung '53
Vorstellung der „Tanten" und „Onkel" auf dem Gaffenberg.

Melodram '56
Gerhard Lang, Günter Schweikle und Uli Lang

Gaffenbergspiele

❐ Gespenstisch irrlichtern im August 1956 nachts Fackeln vom Freizeitheim auf dem Gaffenberg zur Köpferschlucht. In der von vier Fackeln beleuchteten Köpferklause spielt ein Grammophon das Lied vom *Heideröslein.* Die auf Bäumen hockenden Beleuchter richten die Scheinwerfer auf die provisorische Bühne. Mit dem tragikomischen Rührstück *Das Försterhaus im Schweinsbergwald oder Schuld und Sühne* werden die ersten Köpfer-Festspiele eröffnet.

Initiatoren des Spektakels sind die *Onkel* des Gaffenbergs. Mit umgetexteten Arien und Schnulzen haben sie ihr Melodrama zum Heimat-Musical aufgepeppt. Die *Tanten* dürfen nur zuschauen, darunter die 21-jährige Friedlinde Lutz (Holtmann) und die 18-jährige Inge Hofmann (Lay). Sie amüsieren sich heute noch über *Förster* Gerhard Lang, sein Töchterlein *Amalia* alias Günter Schweikle oder den *Jäger* und späteren Landtagsabgeordneten Ulrich Lang.

Die Köpfer-Festspiele sind einer von vielen Farbtupfern der herrlichen Tage auf dem Gaffenberg. Was Pfarrer Zimmermann 1927 auf dem *Wiesle* von Schuhmachermeister Karl Hartmann begonnen hat, wächst in den 50er Jahren auf 2400 Buben und Mädchen, die im Sommer in zwei zweiwöchigen Freizeiten ihre Schulferien in dem evangelischen Waldheim verbringen.

Betreut werden die Gruppen von 50 *Onkeln* und 70 *Tanten.* Die Herren dürfen in der *Onkelei* übernachten, müssen aber morgens ab 5 Uhr den Küchenkessel heizen. *Oberonkel* ist automatisch der Heilbronner Jugendpfarrer: 1950–1953 Gerhard Stark, 1954–1960 Eugen Stöffler. Als erster Ordnungshüter mit dem Titel *Sheriff* wird Gerhard *(Zanka)* Wacker mit Waldhorn eingesetzt.

Neben Spiel, Spaß und Basteln haben die Tage für die Kinder einen festen Rhythmus. Morgens werden sie an sieben Sammelstellen mit Bussen abgeholt, Morgenandacht, mittags ein Schläfchen auf einer Decke im Wald, Abendandacht, Rückfahrt mit dem Bus. Wer Glück hat, findet am Samstag beim *Garderobenfest,* was er in den letzten Tagen verloren hat.

Einen hohen Stellenwert hat in den kargen Jahren das Essen. Vor allem das Milchwerk und die Lebensmittelfabrik Knorr helfen. Friedlinde Holtmann: „Kinder und Betreuer wussten das sehr zu schätzen, wenn man reichlich aus den Essenseimern in die Blechteller schöpfen konnte."

Ferien im Waldheim

❐ Fast 600 Kinder, die ihre Schulferien im Heilbronner AWO-Waldheim (links oben) verbringen, haben sich 1950 auf dem Großfoto versammelt. Erna Fischer geborene Krauß aus dem Haselter, die dieses Bild aufgehoben hat: „Das war eine schöne Zeit. Arm, aber glücklich!" Mit der Straßenbahn fahren die Kinder bis zur Wendeplatte beim Trappensee. Danach bewegt sich eine wahre Völkerwanderung hinauf zum Waldheim der Arbeiterwohlfahrt beim Jägerhaus. Neben den Spielen ist vor allem das Essen wichtig; auch wenn es meistens Eintopf gibt, strahlen die Kinder. Mittags gehen sie mit einem Teppich zum Schlafen in den Wald. Mit den Kindern vom benachbarten evangelischen Freizeitheim Gaffenberg werden kindliche Fehden ausgetragen. Rolf Eßlinger erinnert sich: „Wir haben deren Staudämme am Köpferbach und die unsere Waldlägerle zerstört."

Fast hundert Konfirmanden

❐ Weil sie das Herz der größten Heilbronner Kirchengemeinde ist, finden in der Wichernkirche die Einsegnungen mit den meisten Konfirmanden statt. 1953 werden 46 Mädchen und 38 Jungen des Jahrgangs 1939 zum Abendmahl gebeten. Auf dem Foto des Konfirmanden Eberhard Schweizer haben sich die 84 jungen Menschen mit Pfarrer Karl Friz (rechts) vor der Kirche zum Gruppenbild versammelt. In den 60ern kommen in manchen Jahren mehr als 100 Konfirmanden zusammen. Bei der Wichernkirche ist alles ein bisschen anders. Sie trägt nicht den Namen ihrer Gemeinde, sondern ist nach jenem Theologen benannt, der 1848 die Innere Mission ins Leben gerufen hat. Die Kirchengemeinde führt den Namen der Friedenskirche; sie ist 1944 zerstört, die Turmkappe 1947 und der Rest 1952 gesprengt und abgetragen

Konfirmation 1953
Mit Pfarrer Friz (rechts) haben sich 84 junge Christen vor der Wichernkirche an der Bismarckstraße versammelt.

worden. Eigentlich dürfte es die Wichernkirche gar nicht mehr geben. 1948 ist die Konstruktion aus Holz und Backstein als eine von 48 deutschen Notkirchen nach den Plänen von Professor Bartning eingeweiht worden. Aus dem Provisorium ist ohne große Veränderungen ein Gotteshaus geworden, das den Menschen im Heilbronner Ostviertel so ans Herz gewachsen ist, dass niemand an einen Neubau denkt. Für die Konfirmanden 1953 ist die Aufnahme in die Gemeinde wie zu allen Zeiten auch der erste große Auftritt in der Gesellschaft. Traditionell kommen Mädchen und Jungen in dunkler Kleidung. Aufgeschlossen tragen einige Mädchen nicht nur weiße Kragen, teils aus Spitze, sondern auch weiße Blusen. Beneidet werden die Jungen, denen die Eltern eine Kombination aus heller Jacke und dunkler Hose erlaubt haben, weil die modischen Jacken auch zur Freizeit passen.

Südkirche
Die Hauptfront der Südkirche besteht 1952 aus Backsteinen. Mutmaßlich wurde die Holzkirche nach 1945 so stabilisiert. Links die Konfirmandengruppe I von 1952.

„Kathedrale" aus Holz

❐ Mit einer Mischung aus Hochachtung und Scherz nennen viele die Südkirche in den 50ern die *Kathedrale von Heilbronn.* Wegen des braunen Anstrichs der Holzkirche von 1925 sagen manche „Schokladkirchle" zum Gotteshaus an der Südstraße.
Als einzige Kirche hat die Südkirche den Krieg fast unzerstört überstanden. Nur das Dach und die Vorderfront sind beschädigt. Nach 1946 versammeln sich zunächst auch Katholiken in der evangelischen Kirche.
Auf dem Foto hat sich 1952 vor der Kirche die Konfirmandengruppe I der Jahrgänge 1937/38 versammelt. Ihr Pfarrer ist Martin Lang, der 1955 als Dekan nach Öhringen wechselt. Mädchen und Jungen werden getrennt unterrichtet, aber gemeinsam konfirmiert. Inge Lay geborene Hofmann hat mit Bekannten die Namen der Konfirmanden zusammengestellt.
1. Reihe (v. l.): Helga Klaiber, Sieglinde Muschal, Ingrid Walker, Ingrid Bode, Rosemarie Dietz, Ingrid Löffelhard, Mariluise Stradinger, Annemarie Lang, Elfriede Schäfer, Rita Henning, Helga Erb, Ingrid Deckert, Inge Bühner. 2. Reihe: Heinz Supp, Volker Nowacki, X, Wolfgang Schairer, Kurt Schmid, Hans Kofler, Gerda Helmle, Dorothea Klumpp, Ingeborg Holzwarth, Senta Schaaf. 3. Reihe: Manfred Glaser, Theodor Bauer, Rolf Hieber, X, Fritz Pfledderer, Inge Hofmann, Gerlinde Morsch, Walpurga Hörz, Ursula Moser. 4. Reihe: X, Manfred Reichert, Gerhard Kappler, Horst Honold. Oben: X, Dieter Betzwieser, Dither Wahl, Pfarrer Martin Lang.
Wegen Baufälligkeit wird die Südkirche 1960 geschlossen. Nach dem Abbruch 1962 wird an gleicher Stelle im Dezember 1963 die neue Christuskirche eingeweiht.

Weißer Sonntag

❐ Die Mädchen ganz in Weiß mit einem Blumenkranz im Haar, die Buben mit ihren ersten Anzügen; so kommen sie zur Kommunion. Die katholische Kirche hat ihre neun- bis zehnjährigen Kinder zum Erneuern des Taufversprechens und zum ersten Abendmahl gerufen. Die Fotos zeigen die Erstkommunikanten 1953 von St. Augustinus in Heilbronn (oben) und der Stadtkirche Unsere liebe Frau in Eppingen. Die Feiern mit Pfarrer Wetzel in Heilbronn und Pfarrer Schmidt in Eppingen finden am Weißen Sonntag statt, dem ersten Sonntag nach Ostern.
An den Mehrzweck ihres langen Kommunionkleides erinnert sich Irmtraud Ade geborene Möhler von St. Augustinus (2. Reihe, 3. v. l.): „Das Oberteil habe ich auch danach als Kleid getragen, aus dem angenähten Unterkleid wurde ein Kleid für meine Schwester." Rechts neben ihr Jutta Bundschuh, vor ihr Christine Mahler.
Einer der Erstkommunikanten in Eppingen ist Willi Zorn. Wie alle anderen trifft sich seine Familie nach der Kirche mit Paten und Verwandten im Elternhaus zum Braten, Kaffee und Plausch.

St. Augustinus Gruppenfoto 1953 am Weißen Sonntag in Heilbronn

Stadtkirche „Unsere liebe Frau" Erstkommunikanten 1953 in Eppingen

Neue Glocke Stolz lassen sich die Mädchen von Kochersteinsfeld 1950 mit ihrer neuen Kirchenglocke fotografieren.

Prozession in Heilbronn In manchen Städten und Gemeinden ist die Kommunion mit einer Prozession der Mädchen und Jungen zwischen Gemeindehaus und Kirche verbunden. Auf dem Foto oben ziehen 1956 die Heilbronner Kommunionskinder von St. Peter und Paul durch die Kirchbrunnenstraße. Vorn der Zweite von links ist Alois Schlemmer.

15-Uhr-Läuten

❐ Rauf, runter, rauf, runter, rauf! Dies ist die Geschichte der Kirchenglocken. Runter steht für die beiden Weltkriege, in denen sie zum Kanonengießen verwendet werden. In Kochersteinsfeld wird 1950 das *Rauf* gefeiert. Freudig begrüßen die Menschen am Ortseingang den Wagen mit der neuen Glocke, darunter die weibliche Jugend (v. l.): Magdalena Kresser, Marga Beck, Christel Barth, Charlotte Beck, Elisabeth Wöhrbach, Marianne Rüdinger, Elfriede Kress, Sigrid Golther. Die Kinder nutzen danach jede Gelegenheit, der Messnerin Steinbach beim 15-Uhr-Läuten zu helfen. Die gute Frau lässt sie am Seil ziehen, um die Glocke zum Klingen zu bringen. Elfriede Otterbach, Tochter des Ochsen-Wirts Christian Kress, erinnert sich: „Das war ein Riesenspaß, wenn wir beim Ausläuten am Seil fast bis zur Decke hoch gezogen wurden!"
Konfirmation 1955. Vor der Kirche in Kochersteinsfeld versammelt sich der Kriegsjahrgang 1941 zum Gruppenfoto (Foto vorn v. l.): Elisabeth Wöhrbach (Löw), Edith Adler (Keinert), Ilja Schmetzer, Tilly Hanselmann (Schuler). Dahinter stehen Eberhard Kuch, Horst Thier, Elfriede Kress (Otterbach), Pfarrer Walter Ziegler, Christel Barth (Schenk), Harald Pistorius, Walter Ziegler.

Konfirmation Mit Pfarrer Ziegler in Kochersteinsfeld 1955

Rangordnung im Weinsberger Tal
Vorn ein Freundespaar, in der Mitte das Brautpaar Brilinski, dahinter ein Ehepaar. So spaziert der Hochzeitszug zur Kirche.

Hochzeitszug unterwegs Von Willsbach nach Affaltrach

Fußmarsch zur Trauung

❐ Die Sonne strahlt an diesem Maientag 1957 auf das Weinsberger Tal. Hannelore geborene Götz, ihr Bräutigam Edwin Brilinski, die Verwandten und Freunde sind zu Fuß auf dem Weg von Willsbach zur Trauung in der katholischen Kirche in Affaltrach. Hannelore Götz arbeitet in der Posamentenfabrik Rieleder in Heilbronn, Brilinski ist Landmaschinenmechaniker beim Amos in Sontheim; als Siebenjähriger ist er mit seinen Eltern 1940 von Rumänien nach Heilbronn gekommen.
Weil 1957 nur wenige Menschen ein Auto haben, wird der Fußmarsch zum Spaziergang. Das Brautkleid hat die Brautschwester Irene mit Stoff vom Heilbronner Model geschneidert. Den Brautschleier trägt der kleine Herbert Joos. Vor dem Brautpaar gehen Anna Brilinski, eine Schwester des Bräutigams, und Wolfgang Bart aus Finsterrot, die später auch heiraten. Das Paar hinter den Brautleuten ist schon verheiratet: Max, ein Bruder der Braut, und Rosemarie Götz.
Nachdem Pfarrer Holz das Brautpaar gesegnet hat, wandert die Hochzeitsgesellschaft auf dem gleichen Weg zurück nach Willsbach ins Lamm. Die legendäre *Hochzeitsköchin* Naser tischt Siedfleisch mit Braten und Spätzle auf. Abends kommt der Chor des Gesangvereins Willsbach, in dem auch Hannelore Brilinski singt, unter Robert Edler zum Hochzeitsständchen.

Hochzeit des 1. Bass

❐ Der 1,95-Meter-Hüne Günter Schlemmer und Theresia geborene Tarnok lächeln nach der Trauung 1953 in die Kamera; mit Verwandten und Freunden stehen sie vor dem Scheunentor der Familie Schlemmer in der Rosenbergstraße 36/1. Vorher hat der 85-köpfige Männerchor der Heilbronner Chorgemeinschaft unter Dirigent Hermann Maurer in der Nikolaikirche für seinen 1. Bass gesungen. Der 26-jährige Elektromeister arbeitet im Karosseriewerk Drauz, das die ersten Kastenwagen für Ford in Köln baut, die Braut ist 1946 mit ihren Eltern aus Ungarn gekommen. Das Hochzeitsessen für 34 Gäste in seinem Elternhaus haben die Schwiegereltern in Allfeld bei Billigheim zubereitet: Braten, Spätzle und Torten. Für den Transport des Hochzeitsmahls aus dem Schefflenztal nach Heilbronn haben zwei Freunde die Sitze in einem VW-Käfer ausgebaut. Rechts auf dem Foto steht der Hausherr Rudolf Schlemmer, mit dem die Tradition der Weingärtner und Landwirte Schlemmer in der Rosenbergstraße endet.

Ludwigstraße anno 1953
Kein Auto stört den kleinen Jürgen Scharli und seine Sozia Bärbel Hüftle auf dem Dreirad. Im Vordergrund Nachbarstochter Heidi Hüftle mit der kleinen Monika Scharli.

Spielplatz

❐ Für die Scharlis und die Nachbarkinder ist die Ludwigstraße, mit der 1953 Neckargartach endet, ein idealer Spielplatz. Die Felder dahinter sind heute alle bebaut. Stolz stellt sich der zweijährige Jürgen Scharli 1953 vor dem VW-Käfer des Vaters in Pose. Es ist Sonntag; da muss er einen Anzug tragen, weshalb er von den Spielkameraden oft gehänselt wird. Heute ist er Mietwagenunternehmer in Bonfeld.

Sonntags mit Anzug
Klein-Jürgen vor dem VW-Käfer seines Vaters Josef Scharli

Empfang im Schlosshof

❒ Ein Hauch Monarchie weht durch das Leintal. Josef Hubertus Graf und Herr von Neipperg und Maria *(Mary)* Gräfin von Neipperg, geborene von Ledebur aus Böhmen, ziehen im Februar 1951 in den Stammsitz derer von Neipperg in Schwaigern ein. Der 32-jährige Chef des Adelshauses, das schon seit dem 13. Jahrhundert in Schwaigern ansässig ist, und seine Gattin waren auf Hochzeitsreise in Wien, nachdem sie im Januar in München geheiratet hatten. Aus der Ehe gehen acht Kinder hervor. Das Foto zeigt das hochherrschaftliche Brautpaar bei der Ankunft im Schlosshof, wo es von der Bevölkerung herzlich gefeiert wird. Über ihm schwebt eine Girlande aus Tannenreisig, getragen von der Kellermeisterstochter Gretel Volz (links) und Dora Brahner. Links freuen sich die Mitarbeiterinnen und Mitarbeiter des gräflichen Weingutes, des Forstamtes, der Gutsverwaltung und der Gaststätte *Altes Rentamt,* rechts staunen die Schulklassen des Ortes, im Hintergrund schaut die Bürgerschaft zu. Nachmittags lassen die 1918er-Jahrgangskollegen des Grafen die Böller krachen, Schülerchöre singen, Brot, Salz und Wein werden an das Paar übergeben, um die Not vom Haus abzuwenden. Abends bläst der Posaunenchor in dem von der Feuerwehr mit Fackeln beleuchteten Schlosshof das Brautlied aus der Oper *Lohengrin.* Gedichte werden vorgetragen, Bürgermeister Friedrich Vogt preist die Verbindung zwischen der bürgerlichen Gemeinde und dem Adelshaus, das für jeden Gast einen Liter Wein spendiert.

Diamantene Hochzeit

DKW Cabrio Schwaigern staunt, wenn Alfred Gebert und seine Frau im „Porsche-Ersatz“ kommen. Der Leiter einer Malerschule bringt Schriftschablonen und holt Wein aus Schwaigern.

60 Jahre verheiratet

❒ Ein Königspaar schritte nicht würdiger vorbei. Der 86-jährige Malermeister Christian Gebert und seine Ehefrau Margarete geborene Böttiger feiern am 7. November 1957 in Schwaigern ihre Diamantene Hochzeit; er ein vornehmer Herr mit schlohweißem Haupt, sie mit einem Blumendiadem im Haar.

Zum 60-jährigen Ehejubiläum bewegt sich der Festzug von der Uhlandstraße zur Stadtkirche und danach in die Gaststätte *Rose.* Viele Schwaigerner schauen am Straßenrand zu. Ein Jahr später sterben die Eheleute innerhalb vier Tagen.

Auf dem Foto folgen hinter dem ehrwürdigen Brautpaar die Tochter Mathilde Prohn (etwas verdeckt) und ihr hoch gewachsener 18-jähriger Sohn Peter. Sie hat beim Kriegsende 1945 eine wichtige Rolle für Schwaigern gespielt. Mit ihren Englischkenntnissen, die sie bei einem 14-jährigen Aufenthalt in den USA erworben hat, hilft sie dem Bürgermeister als Dolmetscherin bei den Verhandlungen mit den US-Offizieren und trägt maßgeblich dazu bei, dass in Schwaigern nicht geplündert wird.

Ein beliebter Gast bei den Prohns ist der Bruder der Mutter. Alfred Gebert fällt schon durch seinen flotten Wagen auf, den er schmunzelnd *Porsche-Ersatz* nennt: ein weißes DKW Cabrio 3=6 mit schwarzem Verdeck. Gebert leitet in den 50er Jahren in Buxtehude eine Privatschule für das Malerhandwerk. Bei seinen Besuchen bringt er Kunststoffschablonen mit ausgeschnittenen Buchstaben in verschiedenen Schriftarten und Größen mit, die er selbst entwickelt hat. Mathilde Prohn verkauft die Folien an Unterländer Maler.

Zeigefinger Gottes
Krönung des Südturmes der Kilianskirche mit einer Weltkugel vor der Kulisse des Kiliansturmes.

Wiederaufbau Kilianskirche

❐ Wie durch ein Wunder hat der Kiliansturm den Luftangriff am 4. Dezember 1944 überstanden; er ist beschädigt, steht aber aufrecht, gekrönt von dem ungewöhnlichen Stadtsoldaten, der vom Volksmund *Männle* genannt wird. Weil der Turm mitten aus der zerstörten Altstadt in die Höhe ragt, sprechen die Menschen vom *Zeigefinger Gottes.* Auf dem linken Foto von 1952 ist der Turm eingerüstet; die Renovierung wird erst 1962 abgeschlossen. Die Fotos sind bei der Umgestaltung der beiden kleinen Seitentürme des Kirchenschiffs entstanden. Statt der bisherigen neugotischen Spitzhelme bekommen sie nach dem ursprünglichen Vorbild welsche Turmhauben. Otto Gärtner und Kollege Ernst Beirer von der Firma Rüdenauer decken den Südturm am Kiliansplatz mit Kupfer ein. Gekrönt wird die Turmhaube von einer kupfernen Weltkugel, in der historische Dokumente verstaut worden sind: Artikel, Fotos und Geld aus der Zeit der Zerstörung und Renovierung. Die gleiche Arbeit erledigt Wilhelm Klagholz auf dem nördlichen Seitenturm auf dem Gerüst der Baufirma Koch & Mayer, die auch den Hauptturm eingerüstet hat. Das renovierte Langhaus wird 1954 festlich eingeweiht, 1965 folgt der Hallenchor.

Perspektiven Otto Gärtner (links) und Ernst Beirer grüßen vom Südturm. Links sieht man die Kaiserstraße und Moltkestraße bis zur Moltkekaserne, auf deren Gelände heute Polizeidirektion und Finanzamt stehen.

Nikolaikirche
Der Gockel auf der Nikolaikirche in Heilbronn ist einer der vielen Hähne von Klagholz auf den Kirchtürmen der Region (v. l.): Meister Wilhelm Klagholz, Mitarbeiter Felix Tremmel und Bauführer Maisenhölder.

Stadtbad Lokaltermin im Schwimmbecken am Wollhausplatz. Als Wasserspeier hat Klagholz einen Löwenkopf geformt.

Für Rathausuhr Gockel und Widder werden vorher bei der Firma Schedler ausgestellt.

Täglich kräht sein Hahn

❐ Der berühmteste *Gockel* in der Region ist der Hahn der astronomischen Kunstuhr am Heilbronner Rathaus. Ob Mitternacht oder 12 Uhr mittags, seit 1953 kräht er täglich alle vier Stunden. Schöpfer der kleinen Kupferfigur ist der Flaschner- und Installateurmeister Wilhelm Klagholz auf den Spuren des großen Uhrenbauers Isaak Habrecht von anno 1580.
Was macht ein 42-jähriger Handwerker, der 1947 aus der russischen Kriegsgefangenschaft heimkehrt und keinen Arbeitsplatz findet? Tochter Elke Kurz geborene Klagholz: „Mein Vater hat in der Christophstraße eine eigene Werkstatt gegründet." Sein Ruf als Meister des Kupfers spricht sich herum. Komplizierte Dachverwahrungen wie für den Zwiebelturm der Kirche in Höchstberg, auf dem Schloss Liebenstein oder das Formen der Buchstaben für den *Tagblatt-Turm* in Stuttgart sind für ihn Alltag. Der Künstler in ihm blüht auf, wenn er das Kupfer figürlich formt. Ob in Heilbronn, Großgartach oder Lampoldshausen, von vielen Kirchtürmen der Region krähen seine Hähne, die er als Kleintierzüchter besonders liebt. Der Löwenkopf als Wasserspeier im Stadtbad, das Taufbecken in der Klosterkirche in Bad Wimpfen und viele andere Werke zeugen von seiner Kunstfertigkeit. Dazu hat er für das Färben des Kupfers eine eigene Mixtur entwickelt.
Die größte Ehre für den Heilbronner Handwerker und Künstler ist 1953 die Mitarbeit beim Restaurieren der im Weltkrieg zerstörten Kunstuhr am Rathaus. Der Hahn, den viele Touristen bestaunen, die zwei Widder, die ihre Köpfe gegeneinander stoßen, die Trompete und das Zepter der beiden Engel stammen von ihm. Und auch der Stadtadler, der auf dem Rathaus thront, trägt das Zeichen *W. K.*

Heilbronner Hotelhistorie 1959 mit Dame
„Insel"-Einweihung 1959 (von links): Waldemar Daum (Hotel Central), Gastgeber Willy, Berta und Hans-Georg Mayer, Karl Häberer (Europäischer Hof), Max Pfefferle (Zum Elefanten), Vorsitzender des Hotel- und Gaststättenverbandes, und dessen Geschäftsführer Karl Schmid.

Hotel auf der Insel

❐ Mit einem Bad im Neckar beginnt die Geschichte des *Insel*-Hotels. Willy Mayer, der mit Ehefrau Berta das *Royal* am Hauptbahnhof bewirtschaftet, und der Architekt Kurt Marohn haben beim Anblick der Hefenweilerinsel die Idee: „Das ist der ideale Platz für ein Hotel!" 1952 eröffnen die Mayers neben der Friedrich-Ebert-Brücke ein Café mit Terrasse, Kiosk und darunter eine Tiefgarage. Das Geld wird knapp. Die *Stuttgarter Hofbräu* lehnt eine Bankbürgschaft ab: „Sie sind doch schon bankrott, Herr Mayer." Die *Löwenbräu* in München ist klüger und bürgt mit ihrem Heidelberger Bierlieferanten Schaaf für 50 000 Mark. Hotelier Hans-Georg Mayer 2002 im Rückblick: „Ohne Löwenbräu gäb's kein *Insel*-Hotel." Nach dem *Schwäbischen Restaurant* 1954 folgen 1956 die ersten Hotelbetten im 1. Stock und 1959 die Einweihung des fünfgeschossigen Hotelbaus mit 80 Hotelbetten. Der Standort auf einer Neckarinsel in der Heilbronner Innenstadt gilt als eine der schönsten Lagen eines Stadthotels in Deutschland.

Insel 1952 Terrasse mit Café

Hefenweiler 1956 Das Hotel auf dem Hefenweiler nördlich der Ebert-Brücke hat über dem Restaurant ein erstes Hotelgeschoss. Davor links das Café, rechts ein Kiosk, dazwischen die Terrasse. Der Neckar ist im Hintergrund zugeschüttet, das Wasser stürzt nach links über ein Wehr. Links der Floßgasse das Lagerhaus der ehemaligen Ölfabrik Carl Hagenbucher & Sohn.
In der Nordwestecke der Hefenweilerinsel stehen noch Fabrikgebäude.

Insel 1956 Hotel im 1. Stock

Insel 1959 Das fünfgeschossige Hotel mit Dachterrasse ist vollendet. Links das Bismarck-Denkmal, das heute im Bismarckpark an der Bismarckstraße thront.

Sieg der Liebe im Kaufhaus

Liebe beim Betriebsausflug Beim Tanz im Kursaal kommen sich die Wäsche-Verkäuferin und der stellvertretende Stoff-Abteilungsleiter näher. Dass ihm das Ende seiner *Merkur*-Karriere droht, stört das junge Paar nicht. Sie sind verliebt.

Glückliche Heimfahrt Die Turteltauben unter den Kollegen im Bus (v. l.): Die Damen Junkert, Rietenauer, Schupp, Wirsing, Lochstampfer, Abteilungsleiter Ehlenbeck und das Traumpaar Sonja Müller und Hans Wierk.

❐ Also spricht der gestrenge Herr Geschäftsführer Ernst Bremser im September 1958 zum stellvertretenden Herrn Abteilungsleiter Hans Wierk von der Stoffabteilung des Kaufhauses *Merkur* zu Heilbronn: „Entweder Sie bleiben hier und trennen sich von der kleinen Verkäuferin, oder Sie gehen nach Köln. Dort können Sie Karriere als Abteilungsleiter machen!" Liebe im Hause *Merkur* wird zum Problem.

Der 21-jährige Substitut Hans Wierk aus dem Dithmarschen ist 1956 als stellvertretender Abteilungsleiter zum Heilbronner *Merkur* gekommen. 1957 beginnt das 16-jährige Schwabenmädel Sonja Müller aus Nordheim als Verkäuferin in der Wäscheabteilung.

Die jungen Leuten, die beide im Erdgeschoss arbeiten, sehen sich täglich. Sie gefallen sich gegenseitig. Aber außer „Grüß Gott" und harmlosem Geplauder findet nichts statt, auch nicht nach Geschäftsschluss. Liebe am Arbeitsplatz ist im vornehmen Hause *Merkur* verboten, insbesondere ein Techtelmechtel zwischen Vorgesetzten und Mitarbeiterinnen.

Durch den Betriebsausflug 1958 ändert sich alles. Etwa 450 *Merkurianer* fahren mit zehn Bussen nach Edenkoben in der Pfalz. Nach Essen, Kaffee und Kuchen beginnt der Tanz. Gleich beim ersten Walzer steht der stellvertretende Abteilungsleiter neben dem Stuhl der Verkäuferin: „Darf ich bitten!"

Und sie lassen den ganzen Abend nicht mehr voneinander, jeder Tanz wird getanzt. Beide fühlen, dass der andere die gleiche Zuneigung empfindet. Die Heimfahrt genießen sie nebeneinander im Bus. Und für Sonntag wird ein Treffen zum Tanzen auf der Terrasse der Stadiongaststätte verabredet.

Das junge Paar kann und will sein Glück nicht verbergen. Beim *Merkur* wird getuschelt: „Die haben was miteinander." Es dauert nicht lange, da wird Hans Wierk zum Geschäftsführer bestellt, der ihn vor die Alternative stellt: Trennung von der Verkäuferin oder Köln.

Der junge Mann zögert nicht. „Wir bleiben zusammen. Wir lieben uns. Ich werde kündigen." Also geschieht es. Im Februar 1959 beginnt er bei *Knorr* in der Verkaufsabteilung, sie arbeitet weiterhin beim *Merkur*. Und am 14. Januar 1961 wird geheiratet. Ein glückliches Ehepaar, zwei Kinder und fünf Enkel freuen sich heute, was der *Merkur* alles möglich gemacht hat.

Auftakt 1951 Die erste Merkur-Belegschaft der „Lebensmittel" ganz in Weiß und die „Süßwaren" mit braunem Schurzkleid und weißem Schürzle

Getränkeabteilung 1953 Schmuckes Merkur-Quintett (von links): Lotte Kellerer, Else Bickel, Frau Hanschen, Heidi Heiler und „Oma" Ulbricht

212,50 Mark im Monat

❐ Die 25-jährige Lotte Kellerer gehört mit 212,50 Mark Monatsgehalt zu den ersten Verkäuferinnen der Lebensmittelabteilung im Kaufhaus *Merkur*. Die Tochter des Uniformschneiders Willi Hausmann aus der Moltkestraße hat 1946 in der *Lichdi*-Lebensmittelfiliale in der Wilhelmstraße angefangen und zuletzt 155 Mark im Monat verdient. Selbstbedienung gibt es damals bei *Merkur* noch nicht. Viele Lebensmittel wie Marmelade, Mehl oder Zucker werden offen aus Gefäßen verkauft. Die Kunden kommen mit Gläsern und Schüsseln, in die sie die gewünschte Menge abfüllen lassen. In der Spirituosen-Abteilung ist es ähnlich. Wohl gibt es bereits Flaschen. Aber in vielen Fällen werden Wein, Wermut, Cognac oder Rum aus Fässern in kleinen Mengen in die von der Kundschaft mitgebrachten Gläser und Flaschen gefüllt. Lotte Kellerer erinnert sich an eine ältere Dame, die gelegentlich Likör im Zehntelesglas kauft: „Wir hatten alle wenig Geld."

Interessant ist, dass viele meinen, das Kaufhaus habe zunächst *Schocken* und erst später *Merkur* geheißen. Tatsächlich ist die Merkur AG aus der Kaufhauskette hervorgegangen, die ein halbes Jahrhundert vorher von den jüdischen Brüdern Schocken in Zwickau gegründet worden ist. 1938 wird sie durch NS-Druck in die Merkur AG umgewandelt. Nach 1945 erhält Salomon Schocken 51 Prozent seines Vermögens erstattet. Als Berater unterstützt er die Merkur AG, die 1951 in Heilbronn ihr erstes neues Kaufhaus *Merkur* eröffnet. Schon 1952 übernimmt Horten den Merkur, sprengt das Gebäude 1968 und eröffnet 1969 als *Horten*, aus dem 2001 die *Kaufhof Galeria* wird.

Denkmalschutz
Mit Blumenfenster: Sicherer'sche Apotheke 1950

Vier Kinder
Elisabeth Harmuth mit (v. l.) Klaus, Manfred, Norbert und Angelika

Zufrieden
Nach der Einweihung 1950: Elisabeth Harmuth, Apotheker Alfred Harmuth, Graphiker A. W. Sauter

Die älteste Apotheke

❐ Einer der ersten interessanten Neubauten, die in der zerstörten Heilbronner Altstadt gebaut werden, ist 1950 die Sicherer'sche Apotheke. Am Platz eines der schönsten Fachwerkhäuser hat der 51-jährige Apotheker Alfred Harmuth ein neues Geschäftshaus gebaut, das mit seiner geradlinigen Schlichtheit ein architektonisches Kunstwerk darstellt. Gestalter sind Architekt G. Brielke und der Graphiker A. W. Sauter. Als herausragendes Beispiel für ein Bauwerk der 50er Jahre wird die Apotheke 1989 unter Denkmalschutz gestellt. Gleiches gilt für die Inneneinrichtung mit speziellen Standgefäßen und kunstvollen Gravierungen. Äußeres Merkzeichen ist das große Blumenfenster, das sich im ersten Stock über die gesamte Hausfront zieht. Der Sohn Norbert Harmuth, der 1966 die Apotheke übernimmt, hat die Pflanzenwelt auf die Galerie über dem Verkaufsraum ausgedehnt. Sein Vater Alfred Harmuth hatte die Apotheke, deren Anfänge ins Jahr 1359 reichen, am 4. Dezember 1934 erworben. Auf den Tag genau zehn Jahre später wird Heilbronn bei dem Luftangriff am 4. Dezember 1944 zerstört. Von der Apotheke bleiben zwei Meter Schutt, aus denen Harmuth nur zwei verbeulte Messingmörser bergen kann. Zum Glück sind Ehefrau Elisabeth und die Kinder bereits im Mainhardter Wald evakuiert: Norbert (Jahrgang 1937), Manfred (1939), Klaus (1942) und Angelika (1944). Der Vater kann sich aus der brennenden Altstadt retten.

Schedler-Jubiläum
Kollegenecke

Kochtopfparade
Vesperpause 1958 im Haushaltlager von Schedler. Vorn (v. l.): Karl Gundel, Erika Krauß (Laumen) Peter Kehr. Mitte: Gretel Fränznick (Lamminger), Hasso Müller. Oben: Annemarie Rösch (Mayer), Wolfgang Kreher

Schedler-Fest

❐ Das Heilbronner Eisen- und Haushaltswarengeschäft Gustav Schedler, das seinen Sitz in der Sülmerstraße hat, feiert 1958 bei Familie Hoch in der Höhengaststätte Wartberg sein 60-jähriges Bestehen und den 50. Geburtstag des Chefs. Unter den Betriebsangehörigen herrscht fröhliche Stimmung. Ein paar Kollegen haben sich in einer Ecke für den Fotografen in munterer Runde gruppiert (vorn v. l.): Wilhelm Bartenbach, Erika Stutz (Geiger), Elisabeth Mangold (Weyh), Herbert Martin, Dieter Weyh, Reiner Neupert, Inge Volz (Bartenbach), Wolfgang Kreher. 2. Reihe: Gisela Schweitzer (Martin), Lotte Schmeissner (Volz), Dieter Knecht. 3. Reihe: Werner Stauss, Hasso Müller, Manfred Betz, Helga Ilg, Hartmut Schilp, Günter Hochhut und Doris Herdtle (Sieber). Gisela Schweizer heiratet später den Kollegen Herbert Martin.

Damen-Salon

❐ Die Idylle 1957 im Damen-Salon Erika in der Heilbronner Straße 30 in Frankenbach hat Angelika Köble aus Kirchardt als Foto gerettet. Friseurmeisterin ist ihre Mutter Erika Wittmann, die das Geschäft gegründet hat. Zur Ausstattung gehören ein Warmwasserspeicher, Trockenhauben, deren Röhren sich wie eine Krake über den Kopf stülpen, Vorwärtswaschbecken und Vorhänge, damit niemand die Damen beim Frisieren beobachten kann.

„Erika“ Damen-Salon 1957

Sieben Eissorten
Am Tag Eisverkäufer – abends Sänger

Der Kavalier
Festball im Mathildenbad in Bad Wimpfen: Den Frack hat sich Enzo vom Kellner Franz aus dem Café Hillebrecht in Heilbronn ausgeliehen. Die Lackschuhe seiner späteren Ehefrau Lotti sind drei Zentimeter zu lang: „Aber wir haben uns in die Augen geschaut und waren glücklich!“

Wenn der Enzo singt ...

❒ Der Eismann tingelt 1954 mit seinem Eiswagen, den er an eine Vespa gehängt hat, durch Heilbronn und mehrere Stadtteile. Wie das Foto in der Römerstraße in Neckargartach zeigt, sind die sieben Eissorten des galanten 30-jährigen Italieners begehrt.
Enzo Presutti weiß, was lockt. Abends stellt sich der *Caruso* aus Neapel unter eine Straßenlaterne und singt zur *Lilli-Marleen*-Melodie: „Unter der Laterne verkaufe ich mein Eis. Alle guten Kinder, alle schönen Frau'n, kommt, kommt vom Bett heraus und kauft beim Enzo gutes Eis!“ Grandioses Finale: „Mach' mal Pause! Kaloriae!“ Alles lacht und kauft Eisböbbele. Der Kaufmann ist 1950 seinem Bruder Aldo nach Heilbronn gefolgt und arbeitet zunächst für ihn in der Eis-Diele *Roma* an der Allee. Nebenbei kickt der Ex-Mittelstürmer vom FC Casertana für den VfR, muss aber 1952 wegen einer Knieverletzung aufhören. 1954 macht er sich mit seinem Eiswagen und als Wirt der VfR-Stadiongaststätte selbstständig. Der Biergarten vor seinem Lokal wird zum beliebten Treffpunkt mit Musik, Schau, Wettbewerben und Tanz. Persönlich hat er schon 1954 seine geliebte Tanzpartnerin geheiratet, die Heilbronnerin Charlotte geborene Schöllmann. 1957 gründet er ein Eiscafé in Bietigheim, das er 1958 zum Hauptgeschäft macht. 1962 kehrt er nach Heilbronn zurück und eröffnet am 15. März am Kiliansplatz das Eiscafé Presutti.

Der Sänger
„O sole mio“ singt Enzo 1954 in seiner Stadion-Gaststätte. Begleitet wird er von der Kapelle Blue Stars von Karl Kugler, Akkordeon und Klavier. Links Franz Binder, Bass, rechts Fred Calmbach, Gitarre. Pro Stunde bekommt jeder fünf Mark Gage.

Es lebe die Betriebsfamilie!

❒ Selbst in großen Firmen sehen sich Frauen und Männer als Glied einer Betriebsfamilie.

Achtung! Wir kommen! Ausflug der Zwirnerei Ackermann

Mädchengarde
Merkur-Betriebsausflug 1952 nach Ingelfingen

Damen-Ballett mit Herren
Betriebsfest 1957 der Merkurianer in der Sontheimer Turnhalle. Neben dem gemischten Ballett gibt's auch ein Wett-Milch-Trinken

Ob *Knorrianer*, NSU-Werker oder bei Läpple, die Angestellten und Arbeiter fühlen sich eingebunden in eine kollegiale Gemeinschaft. Gleiches gilt erst recht für überschaubare Betriebe wie Gustav Schedler, die *Heilbronner Stimme* oder die Eppinger Palmbräu. Der Fasching tanzt durch die Betriebe, ohne dass die Arbeitsmoral leidet. Vielfach treffen sich Kollegen außerhalb der Firma zum Kegeln, auf dem Sportplatz oder zum Wandern. Höhepunkte eines Arbeitsjahres sind Betriebsausflüge. Sonderzüge und Kolonnen von Bussen fahren hinaus in deutsche Lande. Die Doktorarbeit, ob das Niederwalddenkmal wegen der Historie, der Kunst oder der nahen Drosselgasse besonders beliebt ist, muss noch geschrieben werden. Abschluss ist meistens ein Betriebsfest mit *Ringelpiez.* Im Gegenzug wählen auswärtige Firmen die Weinstadt Heilbronn, das romantische Bad Wimpfen, die Weibertreu oder den Kraichgau als Ziel.

Die drei Kremmer-Schwestern Else Kremmer mit Bisamwammejacke, Ruth Kremmer mit Fohlenmantel und Katzenkragen und Kürschnermeisterin Martha Bieler mit Persianer

Wiederaufbau Heilbronn Blick vorbei am Pelzhaus L. Kremmer in der Falkenstraße 4 auf die Rückfront der Geschäftshäuser auf der Südseite der Kaiserstraße. Schemenhaft überragt der Kiliansturm seine Umgebung. Rechts die Ladenbauten an der Ecke Kaiserstraße/Marktplatz. Links die Rückseite von Kellers Tuchhandlung und des Schuhhauses Rauch.

Das Pelzhaus

❐ Beim Heilbronner Wiederaufbau entsteht zwischen Marktplatz und Sülmerstraße die neue Falkenstraße. 1951 eröffnen hier die Witwe Emma Kremmer und ihre Töchter Martha Bieler, Else und Ruth Kremmer ihr Pelzhaus. Bei dem Luftangriff am 4. Dezember 1944 ist Vater Ludwig Kremmer ums Leben gekommen und das seit 1870 in der Lohtorstraße 33 bestehende Stammhaus zerstört worden. Nach Kriegsende haben die vier Frauen provisorisch mit einer Kürschnerwerkstatt und Verkauf in ihrem Wohnhaus in der Pfühlstraße begonnen. Martha Bieler, die als erste Frau in Württemberg den Meisterbrief als Kürschnerin erworben hat, garantiert Qualität. Nach der Währungsreform 1948 und der Heimkehr 1951 in die Innenstadt wächst die Nachfrage. Stolz wirbt das älteste Pelzhaus: „Edle Pelze in allen Fellarten meisterhaft verarbeitet." Ruth und Else Kremmer: „Das Tragen von Pelz wurde noch nicht diskriminiert." Meister Erwin Berger übernimmt 1973 das Pelzhaus, das es heute nicht mehr gibt.

Freier Durchblick Neben dem Pelzhaus L. Kremmer parkt der Kfz-Sachverständige Hanns Bieler, Ehemann von Martha geborene Kremmer, seinen Mercedes 170 V. Die kleine Ulla Sprösser winkt. Im Hintergrund hat man freien Durchblick zur Kilianskirche in der Kaiserstraße.
In der Lücke zwischen der Textilpassage Mosner (rechts) und Kellers Tuchhandlung (links) bauen die Gebrüder Model 1953 ein Geschäftshaus, das Mosner 1970 erwirbt.

Für den Straßenring

Neue Mannheimer Straße Parade der städtischen Fahrzeuge 1954

❐ Zu einer Parade auf der neuen Mannheimer Straße in Heilbronn sind 1954 die Fahrer des Fuhrparks des Tiefbauamtes mit ihren Fahrzeugen angetreten (Foto links). Der damals 25-jährige Kfz-Schlosser Helmut Luttenberger, der als Kranfahrer beteiligt ist: „Was wir zu bieten hatten, ist fast vollständig vertreten." Angeführt wird die PS-Armada von zwei Kranschlammwagen, dahinter folgen drei Kehrmaschinen und fünf Müllwagen.
Die Mannheimer Straße ist ein wichtiges Bindeglied im künftigen Heilbronner Straßennetz. Um die Innenstadt zu entlasten, sollen Süd- und Oststraße durch eine Nord- und West-Tangente zum Straßenring ergänzt werden. Erster Schritt ist nördlich die Verlängerung der Weinsberger Straße nach Westen. Dazu wird der ehemalige Neckararm, der am Bollwerksturm vorbeiführt, mit Trümmern aus der zerstörten Altstadt zugeschüttet. Über die gewonnene Fläche wird die neue Mannheimer Straße zur Weipertstraße und weiter zur Bleichinselbrücke gebaut.
Das Foto zeigt rechts im Hintergrund die Abzweigung zur Weipertstraße und den Gaskessel. Die Straße, die unter der Brücke in einer Betonwanne ruht, ist mit zwei Fahrspuren in beiden Richtungen, Geh- und Radweg 48 Meter breit. Für die westliche Tangente, die den Straßenring schließen soll, gibt es ein halbes Jahrhundert später noch immer keine ideale Lösung. Zu den kühnsten Ideen hat einmal eine Straße auf Stelzen über dem Fluss entlang seines Verlaufs gehört.

Mit dem „Winzer“ Jungwengerter

Vor der Heimfahrt Familie Kießling und ihre Helferschar

Wengerter und Winzer

❒ Wer begreift, dass ein Weingärtner zu Heilbronn ein *Wengerter* und kein Winzer ist, als Berufsbezeichnung Winzer gilt und Jungwengerter als Winzergruppe auftreten, die als Volkstracht den *Winzer* trägt, hat das Heilbronner *Wengerter-Abitur* bestanden.
Vor einem Festzug 1953 haben sie sich an der Ecke Allee/Weinsberger Straße vor dem Kellerlokal Gatty versammelt, die jungen Frauen im *Winzer* mit schwarzem Rock, weißer Schürze und geschnürtem Mieder, die jungen Männer mit samtener Kniebundhose, weißen Kniestrümpfen und Hosenträgern (vorn v. l.): Eberhard Döttling, Erich Volz, Robert Drauz, Lore Rohrbach (Hochstetter), Lore Albrecht, Margret Rechkemmer (Able), Hilde Springer, Erika Kießling (Weingand), Gretel Drautz (Silbereisen). Stehend: Martin Able, Werner Gurrath, Hermann Rohrbach, Christel Klagholz (Gurrath), Hermann Drautz, Eberhard Albrecht, Hermann Schneider, Hermann Able, Gerhard Weingand (Gandi), Herbert Fischer, Erika Klagholz, Elisabeth Fischer (Wahl).
Vor ihrem dreirädrigen Goliath stehen der *Wengerter* Gustav Kießling (rechts), seine Ehefrau Berta und ihr Bruder, der Polizeibeamte Richard *(Hardle)* Springer; er hat mit seinem Sohn Kurt, der auf der Ladefläche sitzt, bei der Weinlese im Bürg beim Weinsberger Sattel geholfen. Rechts neben dem Holzzuber steht die Kießlingtochter Erika (Weingand). Sechs Frauen und ein Mann vervollständigen die Lesemannschaft. Die Helferinnen und Helfer kommen meistens aus Böckingen, Neckargartach oder Frankenbach, aus Hohenlohe, den Löwensteiner Bergen, dem Mainhardter oder Welzheimer Wald. Als Transportmittel haben die *Wengerter* das Kraftfahrzeug entdeckt. Wie der Framo hat der Goliath den Nachteil, dass er mit drei Rädern zum Kippen neigt. Kleinlaster wie Borgward oder Hanomag sind sicherer. Da stören auch geflügelte Worte nicht: „Ein Pfund Blech und ein Pfund Lack, fertig ist der Hanomag.“

Mähdrescher im Weinberg
Getreideernte 1957 im Wengert der Familie Kast am Ochsenberg. Früher und ab den 60er Jahren wieder reifen hier Weintrauben.

Dreschplatz
Auf der Cäcilienwiese

Schlittenpartie Cäcilienwiese 1955 (v. l.): Erika Dautel, Martin Kast, Günter Barwig

Neben Wein reift Weizen

Vesperpause
Im Langen Steinbrenner. Links Weingärtner Otto Kast, rechts der Student Manfred Weinmann; der spätere Heilbronner Oberbürgermeister hilft 1957 als Buttenträger.

❒ Mancher Heilbronner *Wengert*, in dem früher und heute wieder Trauben reifen, wird in der Nachkriegszeit bis in die 50er Jahre für den Anbau von Feldfrüchten genutzt. Die Familie Kast hat auf einer 30 Ar großen Brache im Gewann Ochsenberg wechselweise Weizen, Hafer und Roggen und auch Kartoffeln angebaut. Gemäht wird lange Zeit in Handarbeit mit der Sichel oder dem Haferrechen. Danach wird das Getreide auf dem Dreschplatz bei der nahen Cäcilienwiese gedroschen. 1957 hilft Kollege Stollsteimer aus der Hohenstaufenstraße mit dem Mähdrescher, den er für seine eigene Landwirtschaft und zum Vermieten angeschafft hat. Gemahlen wird in einer Böckinger Mühle. Die Erzeugnisse sind für den eigenen Haushalt bestimmt, zu dem auch ein Holzbackofen gehört.
Wohnhaus, Scheune und Stall der Weingärtner- und Landwirtsfamilie Ernst und Emma Kast in der Wollhausstraße 49 sind im Krieg zerstört worden. Mit ihrem Neubau ziehen sie neben die Cäcilienwiese. Gegenüber liegt der Dreschplatz, der heute als Bolzplatz dient.
Der 22-jährige Sohn Otto Kast ist 1948 aus britischer Kriegsgefangenschaft heimgekehrt. Mit Ehefrau Liselotte geborene Lichtenauer, die er 1950 heiratet, übernimmt er 1959 den Betrieb. 1962 wird er Vorsitzender der WG Heilbronn und 1973 Vorsitzender der vereinigten Genossenschaftskellerei Heilbronn–Erlenbach–Weinsberg.

Salzgasse 1953
Altstadt Bad Wimpfen
Von links:
Textilgeschäft Rottmann, „Feyerabend", Blauer Turm, Fachwerkhaus mit Kleinkunststube Vassillière, rechts Eisen-Weyhing. Vor dem Adlerbrunnen stehen Touristen, die gerade eine Führung durch Altwimpfen erleben.

Wirtshausschild
„Feyerabend". Der schriftliche und bildhafte Dreiklang von Fei(y)erabend, Wein(Kelch) und Brot (Brezel) wird zu einem Wimpfener Markenzeichen.

Weinstube Feyerabend

❐ Eines der schönsten und populärsten Wirtshausschilder grüßt seit einem halben Jahrhundert am Eingang zur Salzgasse in Bad Wimpfen. Der Bäckermeister und Gastronom Friedrich (Fritz) Feyerabend bittet 1951 Stadtbaumeister Vassillière um den Entwurf für ein Wirtshausschild für seine Weinstube mit Bäckerei und Café. Vassilière, der in Zusammenarbeit mit Künstlern mehrere Burgen im Neckartal restauriert hat, ist als *Bubava* (Burgenbauer Vassillière) berühmt. Mit der Ausführung beauftragt Feyerabend den Schlossermeister Fritz Krauss.
Eines Tages stürmt Krauss in die Weinstube. „Komm' ganz schnell raus auf die Straße!", fordert er seinen Freund auf. Als der Wirt wegen anderer Arbeit abwinkt, drängt der Schlossermeister: „Das musst Du dir unbedingt anschauen." Draußen staunt Feyerabend über das Monstrum von Modell für sein Schild. „Wenn du das 'naushängst", meint der Krauss, „dann reicht das rüber bis zum Adlerbrunnen". Feyerabend überlegt nicht lange: „Weißt du was, jetzt machsch grad die Hälft' von allem."
Die Hälft' von allem bleibt noch immer ein gewaltiges Schild; in Verbindung mit dem romantischen Wort Feyerabend zeigt es einen Weinkelch und eine Brezel, umrahmt von einem kunstvollen Rankenwerk. Das Schild wird zu einer der vielen Attraktionen von Altwimpfen und schmückt viele Kalender und Reiseführer.
Die Feyerabends sind eine alte Wimpfener Bäckersfamilie. Stadthistoriker Otto Maisenhälder, der mit ihnen verwandt ist, weiß, dass sie ursprünglich aus Talheim stammen. Friedrich Feyerabend hat 1896 das Bauernhaus mit Renaissanceerker in der Salzgasse erworben. Hier richtet er eine Bäckerei mit Weinstube ein, die zunächst *Starkenburg* heißt und im Lauf der Zeit unter dem Familiennamen bekannt wird. Sohn Friedrich, der sich zehn Jahre lang in den USA aufgehalten hat, gehört nach 1945 zu den Rettern von Bad Wimpfen, die mit weißer Fahne die Stadt übergeben und sie vor einer Zerstörung bewahren.
Dem Zauber der Weinstube kann sich niemand entziehen. Die charmante Wirtin Ilse Schachtsiek-Feyerabend, Tochter des Retters von Wimpfen, weiß zum guten Tropfen viel zu erzählen, zum Beispiel von den Dreharbeiten für den *Tatort*-Krimi *Himmelblau mit Silberstreif*: „Wir nannten den Film Vesperkrimi, weil der Kommissar immer bei uns gevespert hat."

Fleißige Helfer im Weinberg

❐ „Immer rote Backen, immer Durst, immer fleißig!", beschreibt ihn Weingärtner Adolf Heinrich. „Dös könnt' oiner von uns sein!" Gemeint ist der Heilbronner Eisenbahner Karl Wagenplast aus der Pfühlstraße. Wie jedes Jahr hilft er 1959 bei der Weinlese. Diesmal reift in den Weinbergen Württembergs nach 1911, 1921 und 1947 der vierte Jahrhundertwein. Auf dem Foto hat Wagenplast gerade die Müller-Thurgau-Trauben aus seinem Plastikeimer in eine Holzbutte geleert, im Hintergrund entschwindet ein Buttenträger. Die Rebstöcke stehen im Gewann Knollen, von dem Hermann Schäfer bei einer Weinprobe einmal gesagt hat: „Dieser Wein stammt vom Knollen. Nicht von den protzigen Hängen des Wartbergs, sondern hinter dem Wartberg, dort wo der kleine Mann seinen Wein anbaut." Wagenplast gehört zu der Heerschar von Helfern bei der Weinlese. In den 50er Jahren kostet die Bewirtschaftung eines Hektars Weinberg jährlich rund 3000 Arbeitsstunden. Rebflurbereinigung und Technik machen es möglich, dass für den gleichen Weinberg heute nur noch 450 bis 700 Stunden eingesetzt werden müssen. Trotzdem sind Helfer notwendig, von denen es viele als Ehrensache betrachten, die Trauben in „meinem Wengert" zu lesen.

Weinseligkeit Stimmung in Zillers Weinstube unter dem Hirschgeweih

Drei neue Küfermeister (v. l.): Müller aus Gemmrigheim, Marquardt aus Flein, Metzger aus Ilsfeld. Rechts die Prüfer Friedrich Lang (l.) aus Schwaigern und Veit Ziller

Gesellenstück Mit einem Schluck Traubensaft feiert Klein-Eberhard in Küferkluft das Gesellenstück seines großen Bruders Bruno Ziller.

Knitzer Küfermeister

❒ Er wirkt bärbeißig, ist zunächst wortkarg. Aber wer genau hinschaut, sieht bald ein knitzes Augenzwinkern aufblitzen. Küfermeister Veit Ziller ist ein Original. Wenn jemand in seiner Weinstube in der Heilbronner Siebeneichgasse ein *Süßes Schorle* bestellt, dauert es lange, bis er das Getränk bekommt. Will jemand ein *Saures Schorle,* geht es etwas schneller. Wer nicht lange warten will, tut gut daran, gleich ein Viertel Wein zu ordern. Das gefüllte Glas wird sofort auf den Tisch gestellt. Den Wein mit Sprudel, insbesondere süßem, zu verwässern, das ist nicht Zillers Art. „Entweder Sprudel oder Wein", ist sein Motto. Wen es nach anderem gelüstet, darf auch Bier in seiner Weinstube trinken.

Als 26-Jähriger hat der Küfermeister aus Treffelhausen auf der Schwäbischen Alb 1938 die Heilbronner Küferei Berret in der Wollhausstraße übernommen. Nach der Zerstörung 1944 baut er zunächst in der Uhlandstraße 12 beim späteren Gesundheitsamt eine neue Küferei auf. Mit einem Neubau, in dem er auch eine Weinstube einrichtet, zieht er 1954 in die Siebeneichgasse. Aus der Ehe mit Maria geborene Philipp aus dem Schwarzwald gehen sechs Kinder hervor: 1940 Bruno, 1944 Martha (Stöss), 1945 Robert, 1947 Marie Luise (Fäustlin), 1953 Helga (Kurz) und 1956 Eberhard, von denen Bruno und Robert wie er das Küferhandwerk erlernen.

Neben den Heilbronner Küferfamilien Bort, Feeser, Göhring und Kübler, Karl Weiß in Neckargartach oder Hans Köhler in Böckingen ist Ziller ein anerkannter Holzfassbauer in der Weinstadt. Was sie herstellen, ist wichtig für die *Wengerter.* Drei Prachtstücke 1956 zeigt das Foto (oben) mit den Prüfungsfässern von drei neuen Küfermeistern in der Siebeneichgasse vor der Kulisse des Kiliansturms. Erst ab den 70er Jahren werden ihre Holzfässer von Tanks aus Beton, Kunststoff, Stahl und Edelstahl verdrängt.

Mit seiner Weinstube setzt Ziller, der mit einem amputierten Bein vom Russlandfeldzug heimgekehrt ist, bereits auf eine neue Einnahmequelle. Natürlich bietet er mitten in der Stadt auch ein Tagesgericht: zwei rote Würste mit Senf und Brot. Wenn der Veit guter Laune ist, gibt's dazu Witze und Lebensweisheiten. Als ein historisches Mauerstück, das den Denkmalschutz interessiert, einem Erweiterungsbau seiner Küferei im Weg steht, „ist das Mäuerle eines Nachts wegen Baufälligkeit eingestürzt". Dass um die stattliche Giebelfassade des späteren Stadtarchivs im Deutschhof vor dem Abbruch so lange mit dem Denkmalamt gestritten wird, versteht er nicht. „Das hätte man einfacher haben können", meint das Schlitzohr aus der Siebeneichgasse.

Gausängerfest Festzug 1954 in Bad Friedrichshall. Die Kinder spielen Szenen aus der Erwachsenenwelt: Brotzeit und die Arbeit auf dem Feld.

Fröhliche Bauernszenen

❒ Beim Festzug der Kinder zum Gausängerfest 1954 in Bad Friedrichshall steuert der Landwirt Friedrich Heiß unter dem Motto *Der fröhliche Bauer* einen Unimog-Festwagen. Auf dem Foto rechts oben streut Helmut Hekler neben dem Wagen Samen aus einer Säwanne, dahinter trägt Anton Lagerbauer einen Dreschflegel. Auf dem mit Ähren geschmückten Anhänger (links) gestalten Kinder eine Brotzeit (v. l.): Karl Heiß, Karin Bordt mit ihrer Ziehharmonika, Manfred Schwarz, hinten stehen Gisela Zahn (links) und Ilse Roman.

Linie 1 Erinnerungsfoto beim Hauptbahnhof mit dem kleinen Dieter Zweygarth und Schaffner Neumeyer vor der letzten Fahr

Abschied Ein Kranz für die gute alte Straßenbahn

Spielgerät '55
Straßenbahn im AWO-Waldheim

Die letzte Straßenbahn

❒ Kränze mit der Aufschrift *Letzter Gruß* verabschieden Ende März 1955 die letzten Heilbronner Straßenbahnen. An der Haltestelle Allee bittet um 23 Uhr ein Mädchen den Schaffner um ein Autogramm auf der letzten Fahrkarte. Amüsiert folgen andere dem Beispiel. Auf der letzten Fahrt der *Spatzenschaukel* zum Trappensee darf eine Jugendgruppe mit Erlaubnis des Schaffners auf der hinteren Plattform ein paar Mal klingeln. Ab 2. April fahren nur noch Obusse mit elektrischer Oberleitung und Autobusse mit Kraftstoff. Die *Spatzenschaukel,* die seit 1897 und nach dem Krieg schon ab Juli 1945 wieder durch Heilbronn gefahren ist, hat ausgeschaukelt.
Zum Abschied dichtet E. Runft in der *HSt:* „Jo, 's mecht unser alte Schaukel dene neue Busse Platz, un Leitunge und Schiene sin von jetzt oo ganz für d' Katz. Un der bekannte Schellenton, wo uns hat so oft ergötzt, wird jetzt oofach monoton und durch Hupetön ersetzt. O, du alte Spatzenschaukel, hasch uns doch viel Nutze bracht, wenn au d' Leit von hier und auswärts über die hen öfters g'lacht."
Der Straßenbahn-Experte Heinz Zweygarth erinnert sich an einen *HSt*-April-Scherz der 50er Jahre. Zu einer Bildmontage, auf der eine Straßenbahn in das Weinsberger Tunnell fährt, heißt es: „Ab 1. April fährt die Heilbronner Straßenbahn nach Weinsberg." Nach jüngsten Plänen soll die Stadtbahn tatsächlich 2003/4 bis Weinsberg und weiter fahren.

Zugunglück verhindert

❒ Samstag, 6. Oktober 1956. Auf dem Heilbronner Hauptbahnhof fährt um 8.45 Uhr der Eilzug Richtung Neckarsulm bei dichtem Nebel ab. Mehr als 100 Passagiere sitzen in den Abteilen. Vor ihnen droht auf dem Bahnübergang beim Sülmertor eine Katastrophe, die nur durch das tatkräftige Handeln des 25-jährigen Schrankenwärters Hans Arno Stanschuss verhindert wird. Kurz vor der Schließung der Schranken ist ein Lkw mit Anhänger auf den Bahnübergang gefahren. Die Schranke wird von dem Fahrzeug erfasst, knickt ab, mit abgewürgtem Motor bleibt der Lkw jenseits des Übergangs stehen, der Anhänger blockiert die Gleise. Mit dem Signalhorn rennt Stanschuss dem Zug entgegen, bläst das Notsignal und stellt sich zwischen die Bahngleise, damit ihn der Lokführer sieht. Er hört noch, wie die Notbremsung eingeleitet wird. Dann wirft er sich flach zwischen die Schienen, ein Sprung zur Seite ist nicht mehr möglich. „Hoffentlich", denkt er, „hat der Heizer den Aschekasten der Lokomotive hochgezogen!" Der Zug rollt über ihn hinweg, der Heizer hat den Aschekasten hochgezogen, Stanschuss überlebt. In der durch die Notbremsung gewonnenen Zeit hat der Lkw, dessen Motor wieder angesprungen ist, den Anhänger doch noch von den Schienen gezogen. Ein Zusammenprall hätte mutmaßlich viele Tote im Zug und auf dem belebten Fußgängersteg neben dem Bahnübergang gefordert. Über das Morsetelefon alarmiert Stanschuss den Hauptbahnhof: „Betriebsgefahr! Haltet Züge zurück!" Für sein Verhalten wird Stanschuss mit 200 DM, guten Worten und einem Handschlag belohnt. Ein Prozess gegen ihn wegen fahrlässiger Transportgefährdung, weil er angeblich zu spät mit der Schließung der Schranke begonnen habe, endet mit einem Freispruch.

Bahnübergang Sülmertor 1956

TGH-Team B-Jugend 1954 (vorn v. l.): Dufferain (Duffy), X (Tschäwele), Vogelmann (Epfel), X, Werner Staudacher (Staude). Stehend: Betreuer Drauz, Gerhard Hermann (Tschäm), Horst Käfer (Kuffi), Günter Mehl (Egon), Plappert, Herbert Barth (Hebbe), Roland Erhard

Die Trenchcoat-Jungs Jungheilbronner ganz cool im Stil des Westens auf dem Marktplatz von Greiz in der Ostzone

Ost-West-Begegnung

❐ Neugierig und „mit etwas Mores vor der strengen Volkspolizei" reisen an Ostern 1954 zwei Jugendmannschaften der TG Heilbronn mit der Bahn zu Fußballturnieren in der Ostzone. Obwohl 1949 die BRD und die DDR gegründet worden sind, sagen die Menschen im geteilten Deutschland je nach Standort *Ost-* oder *Westzone.* Nach dem Zonengrenzpunkt Probstzella steigt die B-Jugend in Saalfeld aus. Ziel ihrer Busfahrt ist Greiz in Thüringen, während die A-Jugend weiter nach Freiberg in Sachsen fährt.
Roland Erhard, damals 16-jähriger B-Jugendlicher: „In den Privatquartieren mussten wir den Gastgebern vom Leben im goldenen Westen erzählen." Bei der Besichtigung einer Weberei werden propagandistisch die Vorzüge volkseigener Betriebe gepriesen. „Unheimlich" wirken beim Stadtrundgang die vielen Plakate mit politischen Parolen. Sportlich verlieren die Heilbronner B-Jugendlichen gegen eine Elf im A-Jugendalter, gewinnen aber gegen ein gleichaltriges Team.
Auf der Rückreise verbringen sie eine Nacht in der *HO*-Bahnhofsgaststätte in Gera; sie schlafen mit dem Kopf auf der Hand am Tisch. Morgens kommt der überfüllte Interzonenzug, in dem bereits die A-Jugend sitzt. Die Gepäckstücke und vielfach auch die Jungs werden von den Kameraden durch das Zugfenster ins Innere gezogen.
Kurz vor Nürnberg bemerkt ein Reisender, dass sie aus Heilbronn stammen. Erstmals hören sie von der Dachstein-Tragödie; 13 Schüler und Lehrer aus Heilbronn sind im Gebirge vom Schneesturm überrascht worden und gelten als vermisst. Betroffen lesen sie beim Umsteigen in Nürnberg in der Zeitung, dass zu den Vermissten ein Freund gehört, mit dem sie kürzlich noch in Gundelsheim Fußball gespielt haben. Neun Tage nach dem Unglück werden elf Tote und nach 43 Tagen zwei weitere Opfer geborgen.
Die Ost-West-Begegnung hat eine ungewöhnliche Folge. Einige Spieler bekommen „liebe Briefe" von Mädchen aus Greiz, die sie gar nicht kennen. Die mutmaßlich von der SED gesteuerten Schreiben schwärmen vom Leben in der DDR und hoffen auf freundschaftliche Kontakte.

Nachwuchs Die Töchter und Söhne des Landfrauenvereins erfreuen zu Weihnachten 1955 mit einem Adventspiel. Das lange schwarze Haar von „Schneewittchen" Marianne Reischle ist echt.

Adventspiel im Keltersaal

❐ Der Landfrauenverein Heilbronn um die Vorsitzende Emma Kast entfaltet ein reges Vereinsleben. Zu Weihnachten 1955 wird im Keltersaal das Adventspiel *Schneewittchen* aufgeführt. Das Foto zeigt (stehend v. l.): Bärbel Haag, Hans Weinstock, Ursel Haag, Elfriede Haag, Schneewittchen Marianne Reischle, X, Hedemarie Weinstock, Otmar Titus, Gustav Titus, Bernhard Reischle. Die sieben Zwerge (sitzend v. l.): Dorle Mauser, Traudel Haag, Rudolf Motzer, Lore Schick, Brigitte Kast. Verdeckt: Traudel Rohrbach, Walter Kast.

Sieben Diakonissen

❐ Zur Aufgabe der Diakonissen, als deren Urbild die sieben Helfer der Apostel gesehen werden, gehören die Kranken- und Altenpflege. Auf dem Foto machen sich 1955 sieben Diakonissen der Heilbronner Diakoniestation in der Moltkestraße wieder einmal auf dem Weg zu Hausbesuchen. Links steht Schwester Emma mit ihrem Fahrrad. Doris Aldinger geborene Edelmann: „Sie pflegte sechs Jahre lang unsere bettlägerige Oma." Rechts sitzt Schwester Martha auf ihrem Moped.

Diakoniestation Heilbronn

Jagstfelder Fährmann

Einweihung Mit drei Dampfloks wird 1952 die Tragfähigkeit der neuen Jagstfelder Eisenbahnbrücke getestet. Als sich die Brücke um 31 Millimeter biegt, jubeln die Experten: „Prima!“ Zur Brücke gehört auch ein Fußgängersteg.

❒ Drei Fähren sind 1950 die einzige Verbindung über den Neckar zwischen Jagstfeld und Offenau rechts des Flusses und Bad Wimpfen auf dem linken Ufer. Zwischen Offenau und Wimpfen verkehrt als Ersatz für die von der SS vor der US Army im April 1945 gesprengte Hindenburgbrücke eine Wagenfähre der Stadt Wimpfen.
Den Fährbetrieb Jagstfeld–Bad Wimpfen hat der Fährmann Fritz Mühsig im Griff. Mit zwei Fähren ersetzt er für den Personenverkehr die Eisenbahnbrücke, die samt ihren Fußgängerstegen bei einem Luftangriff im Februar 1945 zerstört worden ist. Als Fährjunge hilft ihm der Bau- und Schiffsschlosserlehrling Heinrich Güntert; zu seinem Vier-Mark-Wochenlohn bei Meister Karl Nahm verdient sich der Kunstkraftsportler ein paar Groschen dazu.
Nur mit Wasser- und Muskelkraft bewegen Mühsig und Güntert ihre beiden Fähren. Bei Niedrigwasser und weniger als 20 Passagieren ziehen sie die kleine Pritschenfähre, die aus zwei mit Eisenschienen verbundenen Nachen besteht, an einem straff gespannten Stahlseil über den Fluss.
Bei starker Strömung gieren sie mit der großen Pritschenfähre, die auf ihren zwei Pontons 100 Passagiere befördern kann. Das holländische Gieren steht für ein faszinierend einfaches System: Die Fähre wird durch Steuern so schräg in den Fluss gedreht, dass sie durch die Wucht der Strömung ans andere Ufer getrieben wird. Gegen Abtreiben wird die Fähre durch ein Stahlseil gesichert, das an einem in acht Metern Höhe über den Fluss gespannten Hochseil hängt.
Mit der Einweihung der neuen Eisenbahnbrücke endet 1952 der Jagstfelder Fährbetrieb. Die Hohenstaufenbrücke folgt 1953.
Als Schiffsführer kehrt Fährmann Mühsig mit dem Matrosen Otto von Langen und Schiffsjunge Güntert, der die Schlosserlehre abgeschlossen hat, auf seinen Schleppkahn *Emilie* zurück. Das Schiff ist bei dem Angriff am 4. Dezember 1944 im Heilbronner Hafen zerstört worden. Bei der Finanzierung der Reparatur haben Mühsig vor allem Zigaretten geholfen; damit haben die in Jagstfeld stationierten GIs ihre Vergnügungsfahrten mit deutschen Freundinnen auf der Fähre bezahlt.
Den ehemaligen Fährjungen Güntert lässt das Wasser nimmer los. 1958 erwirbt er das Schiffsführerpatent, mustert 1959 ab, lernt als Lotse, steuert die Schiffe durch das Binger Loch und um die Loreley herum und erwirbt 1963 das Motorschiff *Moselland,* mit dem er für Rohrbach-Huber auf Neckar und Oberrhein fährt.

Zehn Pfennig Einen Groschen kostet eine Fährfahrt. Für die Kinder des Solbads Jagstfeld gibt es natürlich Rabatt. Links Fährmann Mühsig, rechts zieht Fährjunge Güntert die Fähre an den Landungssteg.

Ankunft der Glocken Festtag in Stein am Kocher

Glockenweihe

❒ In Stein am Kocher ertönt das neue Geläut der Heilig-Kreuz-Kirche im November 1955. Mit zwei Pferdewagen sind die vier Glocken bei Bachert in Heilbronn abgeholt worden. Das Foto zeigt die Ankunft in Stein am Kocher kurz vor der Gaststätte *Grüner Baum.* Vorn das Gespann von Landwirt Josef Jochim mit seinem Sohn Karl, dahinter das Gespann von Friedrich Müller. Die Glocken werden von Dekan Josef Krämer geweiht.

Weihnachten 1955

Bescheiden, aber glücklich feiert die Familie Holzhauer mit den Großeltern, Töchtern und einem befreundeten Paar das Fest in ihrer Wohnung in Höchstberg (v. l.): Oma und Opa Getto, Mutter Anna, die Töchter Anne und Elfriede mit Schleifchen im Haar, Barbara Wald, eine Freundin der Mutter, und Vater Stefan.

Operetten und Musicals
Das Unterland staunt über das schwungvolle Musiktheater auf der kleinen Bühne des Gewerkschaftshauses. Mit „Zarewitsch“ hat 1954 für Kapellmeister Jörg Faerber das Abenteuer Heilbronn begonnen. Ballettmeisterin ist Brunhild Münch

„Antigone“ 1957
Ursula Münch in der Titelrolle und Intendant Walter Bison als „Kreon“

Kleines Theater

❒ Im Gewerkschaftshaus an der Gartenstraße, nur zwei Steinwürfe vom zerstörten Theater an der Allee entfernt, beginnt 1951 die jüngere Geschichte des Stadttheaters Heilbronn. Nach Anfängen der Schauspieler um Ernst Köneke und Fritz Wilde im *Trappensee-Saal* und in der Gaststätte *Sonne* in Sontheim gründen Hans Franke, Hermann Wente und Theaterfreunde das Kleine Theater Heilbronn. Wichtigster Partner ist der DGB, der zunächst ohne Mietkosten den Saal in seinem Neubau als Spielstätte zur Verfügung stellt.
Zur Premiere am 8. März 1951 inszeniert der künstlerische Leiter Hans Heinz Franckh das Drama *Spiel von Tod und Liebe* von Romain Rolland. Ab 1954 zieht der 41-jährige Theatermacher Walter Bison den Heilbronner Thespiskarren, zunächst als Spielleiter, ab 1956 als Intendant. Unter engen räumlichen Verhältnissen entwickelt er sich zu einem Meister des Provisoriums. In *Sir Walter*, der bis 1980 die Theaterszene beherrscht, vereinigen sich der Mime mit dem Macher und Rechner, der Klassiker mit der leichten Muse, gestrenge Autorität und Werktreue.
Ein Heilbronner Urgestein an Bisons Seite ist der Bühnenbildner Herbert Buhe, der schon seit 1927 an dem 1913 eröffneten ersten Stadttheater die Kulissen gestaltet hat. Ballettmeisterin ist seit 1953 Brunhild Münch. Zu Bisons ersten Taten gehört der Glücksgriff für Heilbronn, dass er gleich 1954 den jungen Stuttgarter Kapellmeister Jörg Faerber verpflichtet.

Altes Theater 1958
Außen wirkt der Bau an der Allee unversehrt. Aber im Innern sind Bühne und Zuschauerraum zerstört. Einige Räume werden als Büros und Ballettsaal genutzt.

Maestro am Klavier

❒ Der 25-jährige Kapellmeister Jörg Faerber, der 1954 am Kleinen Theater beginnt, ist „Hilfsarbeiter und Generalmusikdirektor“ in einer Person. Sein Reich ist vor der Bühne ein Rechteck, das durch eine halbhohe Wand vom Publikum getrennt ist. Wenn er nicht gerade komponiert, arrangiert oder probt, spielt der Maestro hier Klavier, dirigiert das zehn- bis 13-köpfige Orchester, bedient zwischendurch ein Tonbandgerät, gibt mit dem linken Knie durch Druck gegen einen Knopf unter dem Klavier das Zeichen zum Öffnen des Vorhangs und signalisiert mit dem rechten Knie bis zu 50 Mal an einem Abend über einen zweiten Knopf dem Elektriker Kuch hinter der Bühne, wann die nächste Beleuchtung eingeschaltet werden muss. „Eigentlich waren diese Aufbaujahre meine schönste Zeit in Heilbronn“, sagt der Mann, der später als Gründer und Dirigent des Württembergischen Kammerorchesters Heilbronn (1961) zu Weltruhm kommt.
Für den Absolventen der Musikhochschule Stuttgart, der bereits durch Arrangements für den Rundfunk und als Mitarbeiter von Fritz Mareczek beim Freilichttheater auf dem Killesberg bekannt ist, wird Heilbronn zur unendlichen Herausforderung: „Uns trieb eine wilde Begeisterung!“ Weil statt 50 Musikern nur ein kleines Orchester die Operetten begleitet, muss er jedes Mal neue Arrangements schreiben. Bison will bei Dramen die Umbaupausen mit Musik auflockern, Faerber komponiert. Musicals verdrängen die Operette, als zweites deutsches Theater spielt Heilbronn Silvester 1956 *Kiss me Kate,* Faerber jubiliert. Seine Big Band belebt die bunten Abende der Volksbühne. Im Sommer 1956 wird Faerber Nachfolger von Mareczek auf dem Killesberg. 1959 heiratet er die Schauspielerin Ursula Münch und komponiert das Musical *Vulkan und Sekt* mit dem Libretto der Heilbronner Ärztin Kuhn für das 100-jährige Quellenjubiläum von Bad Neuenahr.

„Orchestergraben“
Am Klavier dirigiert der junge Maestro Jörg Faerber: „Eigentlich waren diese Aufbaujahre meine schönste Zeit in Heilbronn.“

Operetten-Festspiele auf dem Neckar?

Operetten-Kulisse Die Fotomontage 1958 zeigt den Blick von der Ebert-Brücke zum Bollwerksturm.

❒ „Als ich 1957 mein Engagement in Heilbronn antrat, da wanderte ich etwas in Gedanken verloren durch die Stadt. Dabei erblickte ich die schöne Partie zwischen Ebert-Brücke und Bollwerksturm. Plötzlich schoss mir der Gedanke durch den Kopf: Das ist der ideale Platz für Operetten-Festspiele.“ Mit dieser Idee überrascht der Regisseur Hermann Kurtenbach vom Kleinen Theater Heilbronn im Frühjahr 1958. Weil sich der Deutschhof in eine Baustelle verwandelt hat, fallen die Deutschhof-Festspiele seit 1952 erstmals 1958 aus. Dass außer dem Hexen-Musical 1991 nie wieder großes Freilichttheater im Deutschhof gespielt wird, ahnt niemand.
Den Ruf Heilbronns als Festspielstadt will Kurtenbach mit der Strauss-Operette *Eine Nacht in Venedig* auf dem Neckar zu neuen Höhen führen. Die Pläne sind realistisch: Tribünen für die Zuschauer auf der Inselzunge des Hefenweilers hinter dem *Insel*-Hotel, drei schwimmende Spielflächen für Ballett und Ensemble auf Pontons vor dem Kraftwerk, der Chor auf der Grünfläche der Schaeuffelen-Insel und ein Schauorchester auf den Neckartreppen.
Als Stimmungsbild sollen Fahnen und Pappkulissen im venezianischen Stil das Halbrund der Neckarbucht schmücken (siehe Fotomontage). Außerdem will Kurtenbach die Ruder-, Schwimm-, Musik- und Gesangvereine zum Mitwirken auffordern. Bei den Hauptrollen denkt er natürlich an professionelle Künstler, von denen er überzeugt sei, dass sie großes Interesse an einem solchen Engagement hätten.
Offen bleiben die Finanzen. Kurtenbach verweist auf den Wert der Festspiele für den Fremdenverkehr und denkt an die Zusammenarbeit von Stadt, Verkehrsverein, Kulturring, Hotel- und Gaststättenverband und anderer Interessenten.
Begeistert steigt ein Geschäftsmann in ein Boot, rudert auf den Neckar und schmettert stimmgewaltig *Komm' in die Gondel, mein Liebchen.* Hunderte Schaulustige hören zu und klatschen Beifall. Das ist's dann auch gewesen. Die Idee verschwindet in der Heilbronner Unendlichkeit.
Ende der 90er Jahre hat der Theatermacher Heinz Kipfer die gleiche Idee. Der künstlerische Leiter des Theaterschiffs, dessen Deck er zur Bühne machen will, denkt statt Operetten an Shakespeare-Komödien. Ob und was daraus wird, weiß niemand.

„Turandot“ unterwegs

❒ „Wir mussten unglaublich improvisieren“, erinnert sich die Schauspielerin Ursula Münch, die 1958 vom Karlsruher Kammertheater zum Kleinen Theater wechselt. Schon 1957 hat sie als *Antigone* in dem Drama von Anouilh neben Bison als *Kreon* gastiert. Improvisieren bedeutet, dass die Kulissen manchmal direkt an der Rückwand stehen. Wenn ein Darsteller rechts abgeht, beim nächsten Auftritt aber von links kommen soll, muss er sich über die Straße zur anderen Bühnenseite begeben: „Da staunten die Passanten, als ich im chinesischen *Turandot*-Kostüm auf der Weinsberger Straße auftauchte.“
Für das kleine Ensemble steht jede dritte Woche eine Premiere auf dem Programm. Neben Ursula Münch gehören dazu Loucie Heldt, Hede Olpp, Ruth Otto in der Doppelrolle als Souffleuse und Schauspielerin, Hans-Georg Bockius als Regisseur und Schauspieler, Herbert Geyer, Wolfgang Hinze und Karl Merkatz, der später in Wien und Berlin zum Bühnenstar wird.
Mit Jörg Faerber findet Ursula Münch auch ihr privates Glück am Theater. Die beiden heiraten 1959. Im gleichen Jahr erleben sie gemeinsam einen großen Erfolg. Der Musiker inszeniert erstmals selbst das Musical *Präriesaloon* mit der Münch in der Hauptrolle. Sein Füllhorn an Gags macht das Stück zur gefeierten Westernparodie. Nachdem 1962 Tochter Kathrin geboren wird, legt Ursula Münch eine neunjährige Bühnenpause ein.

„Präriesaloon“ 1959 Westernparodie mit Ursula Münch, Karl Mahren und Marga Wiedner. Faerber hat das Musical mit vielen Gags inszeniert.

„Helau!" in Bad Wimpfen

❒ Nach historischen „Fastnachtslustbarkeiten" im *Mathildenbad* beginnt in den 50er Jahren in der Stauferpfalz eine neue Epoche des Faschings. Trubel, Tanz und Tätscheln werden mit Gesangskabarett gekrönt. Einer der Troubadoure des Wimpfener Faschings ist der 23-Jährige, der mit Resi Wetzer 1953/54 (Foto links oben) das Faschingsprinzenpaar des Clubs Wimpfener Carnevalisten mimt: Textilkaufmann Walter Wacker, der 1955 in Heilbronn ein Herrenausstattergeschäft eröffnet, das er 1956 von der Lohtorstraße in die Sülmerstraße 8 verlegt. In Wimpfen hat er schon 1949 beim ersten Faschingsumzug nach dem Krieg auf einem Chevrolet-Eintonner „Helau!" gerufen. Mit Freund Philipp Diehl zieht er in den närrischen Tagen als *Tippelbrüder Pitt und Pott* singend durch die Lokale. Zum Glück finden sich alle Narren in der neuen Wimpfener Faschings-Gesellschaft, die 1958 unter Präsident Dr. Hans Beck zur ersten WFG-Prunksitzung im *Mathildenbad* lädt. Gleich dreimal steht Wacker singend auf der Bühne: Mit den *Berg-und-Tal-Sängern* (Foto oben) Philipp Diehl, Otto Gerlach, Gerhard Knapp und Fred Schutt, aus denen später *Die vier Wimpinos* werden, und mit Diehl als *Dick und Doof* und *Pitt und Pott* (Foto unten).
Einer der legendären Karnevalisten von 1958 ist auch der Standesbeamte Otto Maisenhälder als *Wimpfener Dobel.* Zu den Höhenflügen der Wimpfener Fastnacht gehören seit den 70er-Jahren der herzanrührende Ohrwurm „In Wimpfe isch schee" (1974) von Inge Knapp und die grandiosen Ideen des Dekorateurs Karl-Heinz Hofmann, der die Prunksitzungen als perfekte Shows inszeniert.

Höhepunkte sind damals wie heute die Wimpfener Faschingsumzüge. Das Foto vom Faschingsumzug 1955 zeigt den Wagen der Lederfirma Brauch & Frey (heute Adam Pfister), die ihren Sitz im Wormser Hof hat. Links mit Zylinder der Landwirt Ludwig Angelberger, der den Wagen kutschiert, und Hans Kleiber mit Hut. In der Mitter Erna van de Weghe und Renate Schnell mit Schirm. Rechts außen Elsa Drössert. Dass auf der Rückseite des Wagens das Geländer bricht, mehrere auf die Straße stürzen und ins Krankenhaus kommen, kann die Begeisterung nur kurzfristig trüben.

Närrische Hoheiten Faschingsprinzenpaar 1953/54 in Bad Wimpfen: Resi Wetzer und Walter Wacker

Berg-und-Tal-Sänger Gerhard Knapp, Philipp Diehl, Walter Wacker und Manfred Schutt (von links)

Tippelbrüder Pitt und Pott Philipp Diehl (links) und Walter Wacker

Faschingsumzug 1955 Begeisterte Narren der Firma Brauch & Frey

Scherzkranz mit Kabarett

❒ Dass die Heilbronner mit ihrem bescheidenen Temperament die *Spanier des Neckartals* seien, behauptet niemand. Trotzdem verstehen sie zu feiern. Ein Glanzlicht des Heilbronner Faschings in den 50er Jahren ist das *Scherzkranz*-Kabarett des Singkranzes.

Maestro Rolf Palm „Hereinspaziert!" Der Textilkaufmann ist der Macher des Scherzkranz-Kabaretts.

Närrisches Völkchen Scherzkranz-Zuschauer 1954 auf dem Wartberg

Treffen der schwäbischen Karnevalisten
Die 1956 gegründete Carnevals-Gesellschaft Heilbronn ruft 1959 zum großen Treffen der schwäbischen Karnevalsvereine. Auf dem Marktplatz drängen sich Narren und Zuschauer. Was fehlt, ist eine Toilettenanlage, für die sich die CGH-Fanfarenbläser mit der „Aktion Abort" eingesetzt haben.

Faschingsulk mit Klo

❒ Es ist eine Zeit gewesen, da hat es auf dem Marktplatz zu Heilbronn keine öffentliche Bedürfnisanstalt gegeben. Anno 1958 erhebt sich droben im Ratssaal ein groß' Streiten, ob auf der Stadt schönstem Platz eine Toilettenanlage gebaut werden soll. Bevor sich der Rat zu einem Beschluss durchringt, steht am Faschingsdienstag 1958 plötzlich ein Aborthäuschen auf dem Platz. Schmunzelnd rätselt Heilbronn, wer da ohne behördliche Genehmigung zugeschlagen hat. Mehr als 40 Jahre später wird das Geheimnis enthüllt.
Nach einer Prunksitzung der Carnevals-Gesellschaft im Haus des Handwerks schreitet der CGH-Fanfarenzug um Tambourmajor Siegfried Kronmüller nachts zur Tat: Hans und Klaus Ahrend, Herbert Jäger, Günther und Jochen Menger und Manfred Stilz. Ecke Garten-/Schillerstraße heben sie das auf einer Baustelle stehende Aborthäuschen auf einen mitgebrachten Pritschenwagen. Als Passanten aufmerksam werden, mimen zwei ein Liebespaar. Danach ziehen sie den Wagen vorbei am *HdH*, aus dem CGH-Inspizient Hans-Arno Stanschuss eilt und sich begeistert dem Kommando anschließt. Durch die Turmstraße und Lammgasse geht's zum Rathaus. Die eisenbeschlagenen Holzräder dröhnen auf dem Kopfsteinpflaster so laut, dass viele Anwohner ihre Fenster aufreißen. Die meisten erkennen, was sich abspielt: „Bravo! Da kommt das Klo für den Marktplatz!" Dort steht es am anderen Morgen mit der Inschrift „knusper-knusper Knäußchen" in Anspielung auf Stadtrat Knauß, der sich für ein Klo auf dem Marktplatz einsetzt.
Nachdem die Obrigkeit das Häuschen entfernt hat, steht kurz danach eine zweite Städtische Hilfsbedürfnisanstalt an gleicher Stelle. Da hat's jemandem pressiert!

Drei Schöne
Heilbronner Straßenfasching 1955 (v. l.): „Blumenmädchen" Eleonore Schilling (Mattka), „Harlekin" Karin Sattler (Reichert) und „Spanierin" Ingeborg Carmen Sattler (Wenzel)

Stimmungskanone
Mit Ziehharmonika, Gesang und Humor gilt die Alleinunterhalterin Gertrud Lauterwasser im Heilbronner Fasching als Stimmungskanone. Hier bringt sie den Kinderfasching 1954 im Insel-Hotel in Schwung.

Zeit der Festzüge

❐ Beim Gedanken an die Festzüge der 50er Jahre leuchten die Augen der Unterländer. Das Wir-Gefühl ist ausgeprägt. Viele basteln an den Festwagen, schneidern Kostüme. Tausende säumen die Straßen, insbesondere Allee und Kaiserstraße. Das Fernsehen hat noch nicht die Herrschaft angetreten.
Die Weinstadt Heilbronn ist 1954 das Zentrum des deutschen Weinbaus. Der Festzug zum Deutschen Weinbaukongress zieht über die Allee zum Herbstfest, das erstmals in der Nachkriegszeit im Stadtgarten und auf dem benachbarten Keltergelände gefeiert wird. Auf dem Foto oben steht im Hintergrund noch das Kaiser-Wilhelm-Denkmal auf der Allee. Rechts davon wird 1958 die neue Festhalle Harmonie eingeweiht. Die Tafel der Winzergruppe trägt Werner Drauz. In der ersten Reihe folgen (v. l.) Robert und Friedlinde Drauz, Lore und Eberhard Albrecht.
Bei der Unterländer Woche 1951 fährt auf dem Foto unten der Festwagen des Heilbronner Weingärtnergesangvereins Urbanus gerade um den Kreisel am südlichen Ende der Allee beim Eiscafé *Dall'Asta.* Auf dem Wagen grüßen Gerhard Kiessling mit Krone als *Bacchus* und Werner Drauz mit Weinkelch. Auf dem grünen Kreisel stand damals (rechts außerhalb) noch das Robert-Mayer-Denkmal.

Deutscher Weinbaukongress 1954 Aufmarsch der Weingärtner

Unterländer Woche 1951 Urbanus-Festwagen mit Bacchus

Festzug Der vom Schrotthändler ausgeliehene Girlandenwagen der Heilbronner Kleintierzüchter auf der Kaiserstraße beim Kiliansplatz

Hühnereier-Girlanden

❐ Eine seltsame Parole geht 1954 beim Kleintierzüchterverein Z69 in Heilbronn um: „Wer ein Ei zum Backen braucht, soll es nicht aufschlagen, sondern zwei Löchle in die Schale bohren und das Ei ausblasen“, erinnert sich der damals zehnjährige Gerhard Hilkert aus Böckingen.
Die ausgeblasenen Eier werden zu Girlanden gewunden, die rechts auf dem zweiten Foto von oben beim Festzug durch die Stadt den Wagen der Kleintierzüchter schmücken. Gackerndes, krähendes und gurrendes Kleinvieh gehört dazu, bewacht von Karl Rohr. Außerdem mimen die Kleintierzüchter den heldenhaften Kampf der *Sieben Schwaben* gegen einen Hasen, dessen Kostüm die Frauengruppe aus Hasenfellen genäht hat.
Seine Kleintierzuchtanlage verlegt der Z69 damals unter dem Vorsitzenden Wilhelm Klagholz von der Brüggemannstraße neben das Wasserwerk im Salzgrund, wo bereits der Z70 ansässig ist. Die beiden Vereine fusionieren zum Z80, der sich eine große Baracke als Vereinszentrum baut. Die vorbildliche Kleintierzuchtanlage von Z80 erntet viele Auszeichnungen und ist das Ziel von Besichtigungsfahrten anderer Vereine aus Deutschland.

Sieben Schwaben Schwabenposse mit Hasenfell beim Umzug

Musteranlage Kleintierzüchter bauen im Salzgrund.

Vor der Kelter Gruppenfoto Urbanus

111 singende Weingärtner

❐ Weil das Fest zum 100-jährigen Bestehen des Heilbronner Weingärtnergesangvereins St. Urbanus 1941 wegen des Weltkriegs ausgefallen ist, wird 1951 das 110-Jährige gefeiert. Unter den 111 Sängern des Gruppenfotos vor dem neuen Kelterbau sind fast alle Heilbronner Weingärtnerfamilien vertreten, die den Luftangriff am 4. Dezember 1944 überlebt haben.

Ehrung Der neue Keltersaal ist zu klein für die Festgäste des ältesten deutschen Weingärtnergesangvereins. OB Meyle (r.) ehrt in der Kelter den Weingärtner Franz Bräundel für 40 Jahre Gesang.

Heinrich-Schütz-Chor Probe in der Kilianskirche vor dem abgetrennten Chor für das Konzert 1956 in Paris

Chöre der Kilianskirche

❐ Mit der Eisenbahn fahren achtzig Sängerinnen und Sänger aus Heilbronn 1956 an die Seine. Der Heinrich-Schütz-Chor gastiert mit den *Musikalischen Exequien* seines Namensgebers Schütz in Paris. Begeistert engagiert die französische Plattenfirma *Erato* den deutschen Chor für Plattenaufnahmen aller Bach-Oratorien. Gründer, Dirigent und Übervater des Erfolgs ist Fritz Werner. Der Kirchenmusiker ist 1946 nach der Entlassung aus dem Böckinger Kriegsgefangenenlager in Heilbronn geblieben. Als Chorleiter und Organist führt er die Kirchenmusik an der Kilianskirche zu ungewöhnlicher Blüte. Neben dem Schütz-Chor begeistert Werner die Jugend. Mehr als 50 Buben vereinigt er im Knabenchor der Kilianskantorei. Andächtig lauschen die Kirchgänger den Knabenstimmen, wenn sie mit ihren Chorälen in den Gottesdiensten jubilieren.

Knabenchor der Kilianskirche Mit Chorleiter Fritz Werner und Mitgliedern des Schütz-Chores

Concordia Neckarsulm

❐ Zum Fest seines 100-jährigen Bestehens sucht der Männergesangverein Concordia Neckarsulm 1955 attraktive Festdamen. Bedingung: 16 bis 20 Jahre jung und ledig. Und siehe da: 24 Schönheiten aus Neckarsulm kommen zusammen. Mit ihren blauen Festkleidern, die jede unter der Anleitung von Eva Lang selbst geschneidert hat, geben erst sie der Herrengesellschaft honorabler Sänger den wahren Glanz. Auf dem Foto der 24 Festdamen im Schlosspark beim Deutschen Zweiradmuseum werden sie eskortiert von den Festdamenführern Alfons Ehrenfried (links) und Alfons Spohn, die sich mit Frack, Zylinder und Nelke im Knopfloch piekfein gemacht haben. Zum Gruppenfoto haben sich die Sänger und die Festdamen auf der Terrasse im Freibad Pichterich (heute Aquatoll) versammelt. Über allen schwingt der langjährige Vorsitzende Anton Chardon die Sängerfahne. Links von ihm steht der spätere Ehrenvorsitzende Gerhard Kühner. In der ersten Sängerreihe auch der Dirigent Rudolf Werner (7. v. l.), Vorsitzender Hermann Emmerich (11.) und Besenwirt Rudolf Benz (15.). Mit der Concordia feiert die Weingärtnergenossenschaft auf dem Karlsplatz ihr 100-jähriges Bestehen. Der Gleichklang wundert nicht; die Sänger der Concordia, die sich 1855 aus einem Jünglingsverein entwickelt hat, sind am Anfang hauptsächlich Weingärtner gewesen.

Concordia 1955 Mit Sängerfahne

24 Grazien Festdamen mit Festdamenführern im Schlosspark

Die Sänger von Nordheim

❐ Im Kultur- und Gesellschaftsleben des Unterlandes spielen Gesangvereine eine wichtige Rolle. Der Liederkranz Nordheim feiert 1952 sein 100-jähriges Bestehen. Zum Programm gehören ein Festzug, angeführt von achtzehn Festdamen, Chorgesang, ein Festabend und eine Gedenkfeier am Kriegerdenkmal. Auf den zwei Fotos der heutigen Schriftführerin Hildegard Welsch werden Romantik und Glanz des Festes lebendig.

Augenweide Nordheimer Festzug mit 18 Festdamen in schmucken Kleidern aus blauem Taft. Vorne links Helene Lell, rechts Inge Rappold und Elfriede Wirth. Der Herr mit Zylinder ist „Festdamenführer" Theo Grau. Links Turnlehrer Hans Müller, der den Reigen der Damen einstudiert hat.

Nobel-Daimler Der legendäre Komponist Robert Edler (auf dem Rücksitz links) und Vorsitzender Emil Schneider führen den Nordheimer Festzug an.

Sängerfest in Neuenstadt Premiere 1951 auf der neuen Bühne im Burggraben. Chorleiter Hermann Maurer dirigiert seine drei Chöre: Chorgemeinschaft Heilbronn, Germania Böckingen und Urbanus Weinsberg.

Liederkranz Fahnenweihe 1955 in Frankenbach

Liederfest Auf dem Weg zum Sängerfest 1951 in Heilbronn

Singendes Frankenbach

❒ Der Liederkranz Frankenbach hat sich 1955 vor der Gemeindehalle zur Fahnenweihe versammelt. Vorn sitzt in der Mitte der Vorsitzende Rolf Heckmann. Der erstklassige Chor singt unter dem 43-jährigen Gauchormeister Robert Edler alle Chorsätze vom Barock bis zur Jetztzeit. Margarete Butz erinnert sich, dass viele die Zwölftonmusik als „grauenhaft“ verdammen. Edler lässt sich nicht beirren: „Man kann alles singen. Es kommt nur darauf an, wie man singt.“

Als der Weingärtnergesangverein Urbanus in Heilbronn zum Sängerfest 1951 ruft, kommt auch der Liederkranz aus dem benachbarten Frankenbach, das erst 1974 eingemeindet wird. Auf dem Foto marschieren die Frankenbacher durch die Untere Neckarstraße. Alle überragt der Vorsitzende und Sandgrubenbesitzer Fleck. Mit zünftiger Lederhose trägt Erwin Mauch die Fahne, rechts und links eskortiert von den Schärpenträgern Müller und Marx. Sein 100-jähriges Bestehen feiert der Liederkranz 1952.

Ein Reigen schöner Festdamen schart sich auf dem Foto um den Festdamenführer und späteren Vorsitzenden Rolf Heckmann (v. l.): Lissi Fischer, Gertrud Stange, Rosemarie Heckmann, Gerda Hecht, Lore Wüst, Margarete Bohl, Lore Linkohr, Hilde Eurich, Helma Pfau und Elli Metzger.

Festdamen Kavalier 1952 mit Zylinder zwischen zehn Schönheiten

Meisterfoto

❒ Die Hausmusik wird im Freundeskreis und in der Familie besonders gepflegt. Der Heilbronner Fotograf Schickle hat sie zum Thema für seine Prüfungsarbeit als Fotografenmeister gewählt. In der Wohnstube der Familie Köhler in der Karlsruher Straße mimen Musikfreunde ein Quartett für das Meisterfoto 1955 (v. l.): Bärenmarke-Bezirksreisender Hans-Ulrich Köhler, Violine, Bankangestellter Joachim Brückner, Cello, und die beiden Jurastudenten Helmut Nietzer, Klarinette, und Gerhard Nietzer, Violine.

Hausmusik

❒ Zum Weihnachtskonzert bei der Heilbronner Familie Loserth in der Äußeren Rosenbergstraße haben sich 1952 drei der vier Kinder versammelt: Götz flötet *Stille Nacht, heilige Nacht,* Gernot und Ingrid begleiten ihn vierhändig auf dem Flügel, Bruder Herwig mit seiner Geige fehlt. Die Liebe zur Musik stammt vom Vater Rudolf Loserth; der Betriebsleiter der Heilbronner Zuckerfabrik spielt selbst Klavier. Eine Kleinigkeit fällt auf dem Foto auf: der berühmte Knick, mit dem Mutter Karoline das Sofakissen zum Schmuckstück gemacht hat.

Biedere „Blue Stars“ 1953 im Heilbronner „Ratscafé“ (v. l.): Karl Kugler, Klaus Ocker und Alfred Calmbach

Flottes „Kugler Septett“ 1959 auf einer Postkarte (v. l.): Horst Riekher, Otto Krämer, Wolfgang Wiedinger, Alfred Calmbach, Werner Blaut, Günter Lex, Karl Kugler.

König der Tanzmusik

❒ Die Haushälterin hebt den dreijährigen Karl auf den Drehstuhl und öffnet für ihn das Klavier. Der Dreikäsehoch tastet sich von Ton zu Ton, findet Gefallen an einem schönen Dreiklang und legt zum Schluss drei Steinchen auf die Tasten, damit er diese Töne beim nächsten Mal gleich wieder findet. So hat 1935 im Schulhaus von Großgartach die Karriere des Klavierspielers, Orchesterchefs und Komponisten Karl Kugler begonnen. Der Sohn des Oberlehrers und Dirigenten Friedrich Kugler wird in den 50ern zum ungekrönten König der Tanz- und Unterhaltungsmusik des Unterlandes.

Blue Stars heißt die erste Tanzkapelle, die Karl Kugler 1951 in Heilbronn mit dem Gitarristen Wilfried Seeger und Schlagzeuger Willi Weidler aus Schwaigern gründet. Neben der Elektrikerlehre bei Elektro-Krauss in der Turmstraße hat er Klavierunterricht bei der legendären Ottilie Fröschle genommen. Über die *Kugler Combo* 1955 und das *Kugler Sextett* 1956 vergrößert er seine Kapelle 1959 zum *Kugler Septett*. Sowohl musikalisch als auch finanziell steht die US Army hoch im Kurs. In den Heilbronner und Neckarsulmer US-Kasernen spielt sich Kugler vom EM-(Soldaten) über den NCO-(Sergeants) hoch bis in den Officers-Club; im Zenit seiner US-Laufbahn darf er im US-Hauptquartier in Stuttgart spielen. Als Gage gibt’s für jeden Musiker 1,75 Dollar pro Stunde, der Bandleader bekommt zwei Dollar. Das ist viel Geld, zumal ein Dollar damals 4,20 Mark wert ist.

Für das deutsche Tanzparkett wird Karl Kugler, der frühzeitig die Musik mit Schau aufpeppt, eine bekannte Größe. In der Unterhaltungsbranche begleitet er viele Schlagersänger. Seine *Orion*-Komposition kommt zu Filmehren. 1986 zieht sich der Orchesterchef in die Rolle eines Alleinunterhalters und Produzenten von Playbacks zurück.

Melodiker 1952 Im Genossenschaftsheim Neckarsulm (v. l.): Anton und Heribert Leibfried, Günter Schulz, Siegfried Koch

Flamingo 1956 Im Sonnenbrunnen in Böckingen (v. l.): Günter Schulz, Dieter und Werner Wolf, Manfred Schmidt, Erich Krauß

Jimmy, der Schlagzeuger

❒ Alle sagen Jimmy zu ihm. Weil er in den 50ern so flott Boogie tanzt. Kondition und Gelenkigkeit hat Günter Schulz als Ringer beim VfL Neckargartach erworben. Hauptberuflich ist er Flaschner und Installateur. Seine Leidenschaft brennt für das Schlagzeug; auf dem wirbelt er 2002 seit mehr als einem halben Jahrhundert.

Mit den *Drei Jimmys* hat 1949 die Musik angefangen. Der 19-Jährige sitzt am Schlagzeug, sein Bruder Werner bläst die Posaune, Horst Scheffold spielt Akkordeon. 1950 schließt sich Schulz den *Melodikern* aus Neckarsulm an; mit Anton Leibfried, Saxophon, dessen Sohn Heribert, Trompete, Siegfried Koch, Klavier und Akkordeon.

Mit dem geliebten Schlagzeug wechselt er 1956 zur *Flamingo Combo* um den Heilbronner Klavierspieler Erich Krauß; mit den Brüdern Dieter, Trompete, und Werner Wolf, Tenorsaxophon, aus Affaltrach und Manfred Schmidt, Saxophon Alt, Klingenberg. Im *Sonnenbrunnen* in Böckingen haben die *Flamingos* ein festes Engagement.

Samstags und am Sonntag geht’s im *Sonnenbrunnen* rund. Neben Deutschen drängen italienische und spanische Gastarbeiter auf die Tanzfläche, darunter viele junge Frauen. Die meisten arbeiten bei Ackermann, Knorr, Kuvert-Mayer. Die *Flamingos* spielen und singen für sie Heimatklänge. *O sole mio, Pepito,* eben italienisch und spanisch; dazwischen natürlich deutsche Schlager. Das *Verstärkerle* hat nur lächerliche 18 Watt im Vergleich zu heute 300 bis 400 Watt. Trotzdem: tolle Stimmung!

Jimmys nächste Kapelle ist 1966 das Trio *The Rainbows*. Ein Vierteljahrhundert spielt er zusammen mit Hans Schenk, Gitarre, und Roland Schief, Orgel. Dann findet Günter Schulz seine Heimat im Heilbronner Seniorenorchester. Mit bis zu 32 Musikern bringt es Schwung in jedes Fest.

Der heute 72-Jährige wirbelt auf dem Schlagzeug wie ein Junger. Und alle sagen Jimmy zu ihm.

Dixieland nur mit Krawatte

Pit's Dixieland Seven Premiere 1955 im Heilbronner Insel-Café (von links): Günther Heigold, Gitarre, Wolfgang Kast, Kornett, Kurt Kast, Posaune, Günther Zimmermann, Klarinette, Tony Funk, Schlagzeug. Nicht von der Kamera erfasst sind der Mann am Klavier Peter Quattländer und der Bassist Horst Riekher.

❒ Begleitet wird das Lebensgefühl der ungewohnten Freiheit in den 50er Jahren von Musik aus den USA: Jazz, Glenn Millers Swing, Boogie und Rock'n'Roll. Die Heilbronner Musikgruppe *Pit's Dixieland Seven,* die am 12. Oktober 1955 im *Insel*-Café ihr erstes Konzert gibt (Foto), hat sich dem Jazz verschrieben. Gründer, Bandleader, Arrangeur und Pianist ist der 21-jährige Peter Quattländer. Bei Klavierlehrerin Hildegard Sander und daheim hat er jahrelang seine Fingerübungen gemacht, Tonleitern in Dur und Moll rauf und runter gespielt, Harmonielehre gepaukt. Statt klassischer Klaviermusik von Mozart und Bach fasziniert ihn jedoch der Jazz. Mit Freunden beginnt er 1954, in der Wohnung von Zahnarzt Dr. Kast in der Sülmerstraße zu jazzen. Zum Arrangieren und Notenschreiben nimmt er Nachhilfe bei dem Pianisten Wolfgang Schütterle und dem Trompeter *Mäcki* Schaening von der *Rudi-Brass-Combo.* Nach der Premiere von *Pit's Dixieland Seven* 1955 im *Insel*-Café springt unter den Zuhörern der Musiker Axel Sproesser begeistert auf: „Das ist doch großartig. Wir sollten einen Jazzclub gründen!" Dem ersten Versuch 1956 *(Synkope)* folgt 1961 der Jazzclub *Cave 61.* Wie ernst *Pit's Seven* ihre Musik nehmen, zeigt sich schon an ihrer Kleidung; bei jedem Konzert treten sie piekfein mit Krawatte und Anzug oder Kombination auf. Niemals lassen sie ihren Jazz als Tanzmusik missbrauchen. Für sie steht nicht Unterhaltung für schnöden Mammon im Vordergrund, sondern der geliebte Jazz! Ihr Dixieland ist gefragt, wie viele Gastspiele in der Alten Kelter, im *Sonnenbrunnen* und im US-Kasino, in der Oase in Stuttgart oder in Schwäbisch Hall zeigen.

Mathildenbad 1953
Kapelle Richard Kübler
im Sonntagsanzug

Jazzer am Klavier

❒ Der Glenn-Miller-Sound wird für viele, die Musik im Blut haben, zum Aha-Erlebnis. Nachdem der 18-jährige Hobbymusiker Richard Kübler aus Neckargartach 1951 *In the mood* gehört hat, lässt ihn die Musik nimmer los. Für einen Kapellenwettstreit im Heilbronner *Filmpalast* in der Fleiner Straße (heute Tengelmann) gründet der kaufmännische NSU-Angestellte die *Kapelle Richard Kübler.*
Das Quintett bekommt 1952 als Hauskapelle im Mathildenbad in Bad Wimpfen sein erstes festes Engagement. Das Foto zeigt die Kapelle bei einer der vielen Tanzveranstaltungen (von links): Richard Kübler am Klavier, sein Bruder Heinz Kübler, Saxophon, Fred Buohler, Trompete, Karl Lipps, Bass, und Erwin Hornung, Schlagzeug. Die Kapellenfahne der Musiker im Sonntagsanzug hat Mutter Emma Kübler genäht. Vom Vater Richard Kübler, der bei Festen mit der Geige zum Tanz aufspielt, haben die jungen Küblers ihr Talent geerbt. Bei Musikdirektor Alt in Neckargartach hat der kleine Richard das Klavierspiel gelernt. Schon als 14-Jähriger hat er den Vater am Klavier begleitet.
Nachdem 1955 der Buchhalter *Richie,* wie ihn seine Freunde nennen, wieder einmal nach einer langen Klaviernacht im Büro übermüdet eingeschlafen ist, wagt er den Sprung: „Ich werde Berufsmusiker." Dem ersten Job als Pianist in einem Sextett in Eindhoven folgen viele Engagements in Österreich, Skandinavien und in der Schweiz. 1970 wechselt er zum *Kleinen Kurorchester* in Baden-Baden und komponiert für den Südwestfunk, für den er bis heute rund 100 Musikstücke geschrieben hat. 1980 kehrt er nach Neckargartach zurück.
Das Klavier ist heute noch die Welt, in der *Richie* aufblüht. Neben kommerzieller U-Musik gehört seine Liebe dem Jazz, den er im Jazzclub *Cave* oder mit Karl Katz für den Hessischen Rundfunk auslebt. 2001 und 2002 jazzt er mit seinem Bruder in der *Kapelle Katz* im *Hilton*-Hotel in Colombo auf Sri Lanka oder begleitet das Kabarett *Die Hegelmaiers* am Klavier.

Filmstatistin Dreharbeiten für den Kinofilm „Hoheit lassen bitten" 1954 in Bad Wimpfen: Bärbel Mack reitet in der berittenen Gendarmerie-Truppe. Die Maskenbildnerin hat ihr Gesicht mit kessem Bärtchen „männlich" gestylt. Für drei Tage bekommt sie 135 Mark Gage.

Attraktion Voltigiergruppe des Reitervereins Heilbronn 1956. Vorn Susanne Müller, links Jörg Stotz, rechts Asmus Mayer, oben Marion von Hagen, in der Mitte Bärbel Mack mit Zylinder und Reitjacke

Bärbels Reiterzirkus

Reitergruppe RVH-Halle am Trappensee (v. l.): Bärbel Mack, Jürgen Schramm, Gundel Zapp, Wolfgang Reinhard, Bärbel Zapp

Zwei Schönheiten Bärbel Mack und „Circe"

❐ Zauberhafte Mädchenjahre als Reiterin erlebt Bärbel Mack (Winter), die Tochter von Malermeister Willy Mack. Das ist die Zeit, als die Pferde mitten durch die Stadt zum Hufschmied Ernst Röger hinter dem Rathaus geführt werden. Die Amazone des Reitervereins Heilbronn ist eine erfolgreiche Dressur- und Springreiterin, 1955 wird sie württembergische Meisterin im Jagdspringen. Beim Turnier 1951 in Dürrenzimmern hat Reitlehrer Paul Lorenz *(Hase)* mit Bärbel Mack und Hanno Lembke das Paarspringen eingeführt. Unter ihrer Regie wird die Voltigiergruppe des RVH als *Bärbels Zirkus* zur populären Show-Einlage bei Turnieren. Für den Kinofilm *Hoheit lassen bitten* mit Hans Söhnker wird 1954 auf dem Marktplatz in Bad Wimpfen gedreht; Regisseur Paul Verhoeven verpflichtet die Pferde des RVH für die berittene Gendarmerie mit Reitlehrer Wilkens als Hauptmann und Bärbel Mack. Als sich der Reiterverein den Film anschaut, jubelt der Tierarzt Dr. Fraedrich: „Da ist sie!"

Meisterkeglerin Else Hammer 1958 in der *Olga*-Gaststätte

Kegeldamen mit Schürzen

Kegelrunde Die Meisterkeglerinnen im Kreis ihres Heilbronner Kegelclubs (von links): Rosl Drautz (verdeckt), Elfriede Friedemann, Else Buchhorn, Frieda Schön, Viktor und Else Hammer, rechts vorn Trainer Strecker

❐ Fünf Kegeldamen aus dem Unterland, die als Vereinsdress weiße Metzgerschürzen mit aufgenähtem Heilbronner Stadtadler tragen, stehen 1958 im Blickpunkt. Else Buchhorn, Rosl Drautz, Elfriede Friedemann und Frieda Schön aus Heilbronn und Else Hammer aus Nordheim gewinnen bei der württembergischen Kegelmeisterschaft in der Heilbronner *Olga*-Gaststätte den begehrten Meistertitel.

Die Keglerinnen aus Stuttgart sind als Favoriten vom Nesenbach an den Neckar gekommen. Weil sie den Heilbronnerinnen nicht recht trauen, haben sie ihren eigenen Kegelbuben mitgebracht. Kegeljunge für Heilbronn ist Falko Lentz aus Böckingen. Der Wettkampf mit den Lochkugeln auf der Asphaltbahn entwickelt sich zum Krimi. Nach dem vierten Durchgang haben Stuttgart und Heilbronn punktgleich 1376 Holz. Als fünfte Keglerin vollendet Else Hammer mit 334 Holz den Heilbronner Triumph. Die 37-jährige Else Hammer, Mutter von zwei Kindern und Kontrolleurin beim Armaturen-Schneider in Nordheim, wird auch Vizemeisterin bei den Damen; die Siegerin aus Stuttgart liegt nur ein Holz vor ihr. Vizemeister der Senioren ist der Heilbronner Heinrich Lentz. Als Meister darf das Heilbronner Damenteam auch bei den deutschen Meisterschaften in Wiesbaden starten. Aber da kegeln sie nur unter „ferner liefen".

Heute noch schiebt die 80-jährige Else Hammer an jedem zweiten Freitag auf der Kegelbahn in der Nordheimer Turnhalle mit ihren Bekannten eine sichere Kugel. „Zehnmal ins Volle, zehnmal Abräumen, dann Sieben-Tage-Woche, Fuchs und ein Christbaum", schwärmt die Urgroßmutter.

Anrudern 1953: Heilbronn-Panorama mit Fluss
Neue Rennsaison für die Ruderschwaben. Blick von der Rosenbergbrücke zum Götzenturm. Am kahlen Neckarufer sind die ersten Platanen gepflanzt, die heute den Fluss schmücken. Im Vordergrund skullt links ein Doppelzweier, rechts rudert ein Vierer, beide mit Steuermann.

Paradies für das Rudern

❒ „Keller, besser durchziehen!", hallt 1951 die Stimme des Trainers Hofmann durch das Megaphon vom Ufer über den Neckar in Heilbronn. Der 21-jährige Hans Keller folgt der Anweisung des Trainers, der als Radfahrer auf der Badstraße den Vierer mit Steuermann dirigiert, der in Richtung Götzenturmbrücke durch das Wasser gleitet. „Schlagzahl erhöhen!" Keller und seine Freunde legen sich noch kräftiger in die Riemen.
Die Ruderer von Heilbronn sind ein besonderes Völkchen. Seit 1879 nutzt die Heilbronner Rudergesellschaft Schwaben die Lage der Stadt am Fluss für ihren Sport. Dass der Trainer in der Rennsaison für Enthaltsamkeit wirbt („Kein Alkohol, nicht rauchen, keine Frauen!"), gilt nicht als Lachnummer.
„Mein Ziel ist Helsinki!", verkündet 1952 in Heilbronn der Mannheimer Olympiasieger Ernst Gaber, den die Ruderschwaben als Trainer verpflichtet haben. Erstmals nach dem Krieg wird wieder ein Heilbronner Achter zusammengestellt. Die *Schwaben* wollen bei den ersten Olympischen Spielen nach 1945 mit deutscher Beteiligung in Finnland für Schwarz-Rot-Gold rudern.
Die Heilbronner Ruderer sind bereit. Nach einer Saison der Siege ist der Jungmann-Vierer mit Steuermann (Fritz Eberwein, Werner Plenefisch, Kurt Schumacher, Günter Vogel; Siegfried Götz) in die Seniorenklasse aufgestiegen. Leider haben vom bisherigen Senioren-Vierer (Werner Dutt, Klaus Hahn, Klaus Tochtermann, Harry Stuth; Günter Beck) Tochtermann (Amicitia Mannheim) und Hahn (Saarland) die Ruderschwaben verlassen.
Trotzdem kommt ein starker Achter zusammen (Foto unten von links): Hans Götz, Fritz Eberwein, Erhard Kiefer, Harry Stuth, Kurt Schumacher, Werner Dutt, Günter Vogel, Werner Plenefisch; Günter Jobst. Bei den Prüfungsregatten scheitern sie jedoch als drittbester Achter.
Für den 78-jährigen Günter Vogel ist das Rudern noch heute ein Jungbrunnen. Bei den Euro-Masters sitzt er 1997 in München im Gold-Achter seiner Altersklasse. Und bei den FISA-Masters 2000 in Belgien holt er mit Hans Götz, Hans Ziegler und einem Belgier die Goldmedaille im Doppelvierer.

Fast Helsinki geschafft Der erste Heilbronner Achter nach 1945. Links im Hintergrund Fährmann Bock, rechts das Neckarufer vor der Umgestaltung

„Schwaben"-Vierer Hans Keller (vorn), Eberhard Hornung und Walter Steinmaier tragen ihren „Schwaben"-Vierer zum Bootshaus.

Aufstieg 1950
Strahlende Sieger auf dem Unionplatz (v. l.): Kassierer Otto Kiesel, Spielausschussobmann Gustav Collmer, Roland Dietz II, Dollinger, Hermann Kühner, Manfred Auer, Kurt Graf, Eugen Bauer, Kurt Vaas, Kurt Waibel I, „Supp“ Braun, Trainer Richard Walter, Dollinger. Vorn von links: Heinrich Lechner, Torwart Rolf Dietz I, Erich Waibel II

Das Herz von Böckingen

❐ Was Schalke für Gelsenkirchen, das ist die Union für Böckingen. Die Rotweißen verkörpern in den 50er Jahren den größten Heilbronner Stadtteil. Auf dem Fußballplatz, da zeigt die Union dem VfR vom anderen Neckarufer, wer vorn liegt. Stolz meint Heinz Dausch: „Damals waren wir das Aushängeschild des Unterländer Fußballs!“ Der heutige Spielleiter der Rotweißen muss es wissen. Ab 1954 hat der 20-jährige Böckinger in der Abwehr gespielt. Vier Mal wird die Union württembergischer Meister. Zuerst 1931 und 1934, was die *Berliner Illustrierte* 1934 mit einer Zwei-Seiten-Reportage feiert: *Elf Mann machen eine deutsche Kleinstadt berühmt.* In den 50ern schaffen die Rotweißen das gleiche Kunststück. Zunächst steigen die süddeutschen Jugendmeister von 1947 mit Trainer Richard Walter 1950 als Tabellenzweiter in die 2. Liga Süd auf. Dem Abstieg folgt 1952 der Meistertitel und der Aufstieg durch den Sieg in der Würzburger Hitzeschlacht gegen den FC Amberg; als die Helden und ihre Fans nachts mit dem Sonderzug auf dem Heilbronner Hauptbahnhof ankommen, werden sie von Tausenden gefeiert.
Das Meisterteam 1952: Pilz, Dietz II, Waibel I, Fritz, Kühnle, Vaas, Kaiser, Waibel II, K. Graf, Tabler, Bickel. Trainer ist Walter Schmid, den alle *Kammgarn* nennen, weil er feinen Zwirn trägt, und der 1952/53 zum VfR wechselt.
Dem Absturz 1954 folgt 1958 mit Trainer Albert Wittich der vierte Titel. Das Team 1958: Dietz I, Wehrle, Viktor Herbrik, Spohn, Alois Herbrik, Dietz II, Bickel, Messer, Sommer, Siller, Schlarb, Häußer.
Aber nach der Meisterschaft ist Schluss; bei den Aufstiegsspielen 1958 kämpft die Union vergeblich um den Platz an der Sonne. Trotzdem bleibt‘s eine Glanzzeit, in der abwechselnd KS-Mitarbeiter Wilhelm Pfisterer und der Zahnarzt Dr. Wiedinger als Vorsitzende die Union Böckingen geführt haben. Lang ist‘s her. Was bleibt, ist die Erinnerung, insbesondere an Lokalderbys: 1951, als Kurt Waibel beim 4:0-Sieg gegen den VfR in dessen Stadion mit einem Hattrick begeistert, 1957, als die Union vor 9000 Zuschauern den VfR trotz seiner Ungarnstars 2:0 besiegt.
Was die Fußballer verdienen? Bei Vertragsspielern sollen es monatlich etwa 80 Mark gewesen sein. Bei den Amateuren ist von fünf Mark für Heim- und zwölf Mark für Auswärtsspiele die Rede. Und gelegentlich ist ein Rostbraten mit Spätzle aufgetischt worden. Wohlgemerkt, wir sind in den 50er Jahren.

Aufstieg mit Psychotrick

❐ Erstmals gewinnt der VfR Heilbronn 1956 die württembergische Amateurmeisterschaft und steigt nach dem Qualifikationssieg gegen Viernheim in die 2. Liga Süd auf. Sie haben Fußballhistorie geschrieben (v. l.): Trainer Horst Frühhaber, Harry Richly, Sigbert Keßler, Hans Kaiser, Hans (Pipp) Rönfeldt, Torwart Kurt Rönfeldt, Werner Vogt, Lehner Herold, Erich Waibel und Hans Luithle im Trenchcoat. Der Herr mit Hut ist der Vorsitzende Willy Schwarz, der später zum Erzrivalen Union Böckingen wechselt und im Gemeinderat für viel Wirbel sorgt. Zwischen Rönfeldt und Vogt jubelt der Stadionwirt Enzo Presutti mit einem selbst gebastelten Plakat: *Herzlichen Glückwunsch dem württ. Meister.* Vorn knien drei Rolfs (v. l.): Rolf Simon, Rolf Waidelich und Rolf Ringer. Der Psychotrick, mit dem Frühhaber die VfR-Kicker zum Erfolg treibt, ist legendär. Vor den Spielen erklärt der Trainer mit Handberührung und Pastorenstimme jedem Spieler: „Du bist heute der wichtigste Mann. Auf dich kommt es an. Du musst deinen Gegenspieler decken. Und wenn der aufs Klo geht, gehst du mit.“ Trotz der Zauberformel muss der VfR 1957 wieder absteigen.

Meister 1956
Aufstieg des VfR Heilbronn in die 2. Liga Süd

„Hau ruck!" zum Meister

❒ Weil es an gleichwertigen Gegnern fehlt, trainieren die Tauzieher des VfL Obereisesheim 1956 gegen einen Traktor. Auf dem Sportplatz treten die sechs Mann zur Kraftprobe gegen den Ackerschlepper des Getränkehändlers und Mitstreiters Willi Freyer an. In Ludwigshafen geht's dann um die deutsche Meisterschaft. Traktorgestählt greifen sie das Seil: Willi und sein Bruder, der Maurer Werner Freyer, NSU-Werker Josef Kellner, Bäckermeister Hans Gurr und die Mechaniker Otto Gurr und Ewald Vogel. Der Trainer und Mannschaftsführer Emil Leitz, selbst deutscher Vizemeister der Senioren im Ringen, gibt die Kommandos. Wenn der Gegner etwas nachlässt, schreit er „Hau ruck!". Dann legen sich die Mannen aus Obereisesheim nacheinander mit gestreckten Beinen so ins Zeug, dass die Gegner ihre Position nicht mehr halten können. Standhaft holt der VfL sowohl 1956 als auch 1957 den Meistertitel in der Schwergewichtsklasse.

Duell mit dem Traktor
Training der Tauzieher

Deutscher Meister im Tauziehen
VfL Obereisesheim (v. l.): Willi Freyer, Josef Kellner, Hans Gurr, Otto Gurr, Ewald Vogel, Werner Freyer und der Trainer Emil Leitz

Schon vorher ist Obereisesheim eine Hochburg der starken Männer, wie Ortschronist Willi Winter dokumentiert hat. 1949 haben in Obereisesheim die Jugendmeisterschaften des Deutschen Athletenbundes stattgefunden. 900 Gäste hat der 1700-Seelen-Ort empfangen. Winter: „Und jedem konnten wir ein Bett bieten." Dem „bedeutendsten Sportereignis in Obereisesheim" folgen 1950 der Aufstieg der VfL-Ringer in die Oberliga und die Meistertitel der Tauzieher 1956/57.

Hochradrennen 1956
Einweihung des Zweiradmuseums

Veteranen-Rallye
Spaß in Bad Wimpfen

Museum für das Zweirad

❒ Als Heimat des Zweirades eröffnet die Stadt Neckarsulm 1956 mit NSU-Unterstützung im ehemaligen Deutschordensschloss das Deutsche Zweiradmuseum. Zur Einweihung finden eine internationale Veteranen-Rallye und ein Hochradrennen statt. Der Buchdrucker Josef Baumann tut für den geliebten Radsport fast alles. Im Training für das Hochradrennen ist der Mitgründer des Neckarsulmer Radlerclubs Pfeil schon beim komplizierten Aufsteigen auf das Zweirad mit dem Kopf voraus über den Lenker auf den Asphalt gestürzt. „Ich muss dabei sein", erklärt der 50-Jährige trotz Kopfverletzung, wie sich Tochter Christa erinnert. Das Foto zeigt den Start des Rennens auf der NSU-Einfahrbahn: Baumann (links) mit Beule am Kopf und Busfahrer Erich Ihle besteigen ihre Hochräder, dazwischen beobachtet BM Dr. Hans Hoffmann, der 1967 OB in Heilbronn wird, die Szene. Links steht mit *Datschkappe* Buchhalter Helmut Veigel von der Druckerei Horch. Für die internationale Veteranen-Rallye, die an Pfingsten 1958 in Bad Wimpfen gestartet wird, hat sich Baumann als Frau verkleidet. Partner im Dreirad von 1906 ist Ernst Wöhr; der Kfz-Meister des Fuhrparks der Stadt Neckarsulm ist ein Tüftler, der die Oldtimer fachmännisch für das Zweiradmuseum restauriert. Die Bedeutung Neckarsulms für das Zweirad, das an Neckar und Sulm seit 1886 produziert wird, ist schon 1955 als Etappenziel der Deutschlandrundfahrt gewürdigt worden.

„Toi! Toi! Toi!“ Erich (links) und Walter Spillmann im Fernsehen mit Peter Frankenfeld

Der „Turmbau“ Fünf Akrobaten auf einer NSU Fox (von oben): Kurt Müller, Otto Hofmann, Erich Spillmann, Walter Spillmann, Kurt Spillmann. Im Hintergrund sieht man die Einfahrbahn der NSU-Motorenwerke in Neckarsulm

Akrobaten auf NSU Fox

❐ Kraft, Phantasie und Wagemut sind die Markenzeichen der tollkühnen Akrobaten um die Spillmanns in Neckarsulm. Als Höhepunkte ragen 1950 der Turmbau auf einer NSU Fox und 1958 der TV-Auftritt mit Peter Frankenfeld heraus. Angefangen hat alles 1947 mit einer Fünfergruppe der Spvgg Neckarsulm. Die Brüder Erich und Walter Spillmann, ihr Vetter Kurt, Otto Hofmann und Kurt Müller werden süddeutsche Meister der Kunstkraftsportler. Die NSU-Motorenwerke bitten 1950 ihre fünf Mitarbeiter werbewirksam zur waghalsigen Figurengruppe auf einer NSU Fox. Erich Spillmann: „Zweimal sind wir umgefallen, beim dritten Versuch hat's geklappt.“ Gage? „Das war damals nicht üblich.“ Sportliche Erfolge bleiben nicht aus. Erich und Walter werden mit Kurt Spillmann, der 1954 nach Kanada auswandert, viermal deutsche Vizemeister.

Bei Festen begeistert das Trio als *Gebrüder Spillmann.* Als Zweiergruppe *(Die zwei Waldows)* holen sich Erich und Walter Spillmann 1952 sogar den deutschen Meistertitel.

Auf den Gipfel ihrer Popularität klettern sie 1958 mit ihrem Auftritt in der Live-Sendung um das Amateurfestival *Toi! Toi! Toi!* von Peter Frankenfeld. Als *Zwei Süßwassermatrosen* zeigen sie in der Cuxhavener Halle rasante Schleuder- und Wurfsalti, Cascaden und Tablettsalti.

Mit dem durch ein Phonometer gemessenen Beifall des Publikums gewinnen sie den ersten Preis. Bei der folgenden Tournee durch 20 Großstädte treten sie als einzige Amateure unter professionellen Künstlern auf. Das Angebot zum Engagement an einem Pariser Varieté lehnen die NSU-Werker ab. In Neckarsulm rufen Werkbank und Familie.

Team-Sieger Sechsmal württembergischer Mannschaftsmeister (v. l.): Willi Veit, Helmut Friedrich, Heinz Harst, Sepp Kroth, Gerhard Werz und Hans Werz nach dem Titelgewinn 1955

Doppel-Sieger Siebenmal württembergischer Meister im TT-Doppel: Heinz Harst (oben), Gerhard Werz

Harst & Co schmettern

❐ Wer von Tischtennis spricht, der meint in den 50ern vor allem Harst, Werz & Co. Die Sportvereinigung Neckarsulm wird 1955–1960 sechsmal württembergischer Mannschaftsmeister; vorher haben diesen Titel nur der TTC 1930 Heilbronn (1937, 1942, 1944) und sonst die Stuttgarter Kickers gewonnen. Fast wäre die Spvgg 1955 auch deutscher Meister geworden; mit zwei Siegen und zwei Unentschieden werden sie unbesiegt Vierter.

Das Herz der Neckarsulmer sind der NSU-Ingenieur Heinz Harst und Buchdrucker Gerhard Werz. 1947 haben sie als 13-Jährige im *Löwen*-Saal begonnen, den Zelluloidball übers Netz zu servieren. Als Doppel schmettern sie sich ab 1952 siebenmal zum württembergischen Meister. Im Einzel holt Harst drei Titel (1959, 1961, 1963).

Auf internationaler Ebene spielt Harst zehnmal in der Nationalmannschaft. Von 20 Spielen verliert er nur vier gegen die japanischen Weltmeister Ogimura und Murakami und Europas Nr. 2, den Schweden Larsson. Außerdem besiegt er zweimal das deutsche Tischtennis-As Conny Freundorfer.

Mit der Liebe kommen neue Dimensionen an die Sulm. 1961 heiratet Harst die deutsche Einzelmeisterin Inge Müser aus Niedersachsen; sie gewinnt 1962 zwei EM-Titel mit der deutschen Nationalmannschaft und im Mixed mit dem Schweden Hans Alser.

Die Harsts harmonieren auch an der Tischtennisplatte und gewinnen 1963 und 1964 den deutschen Mixed-Titel.

Vom Meister 1955 spielen heute 23 Söhne, Töchter und Enkel Tischtennis. Die Harst-Töchter haben in der 2. Liga gespielt, Annette (Faude) ist württembergische Schülermeisterin 1979, Susanne (Gumbrecht) wird 1990 württembergische Meisterin und spielt heute noch Oberliga. Der Sohn Klaus Werz wird 1982 süddeutscher Meister, Tochter Susanne (Mohr) hat ebenso wie Sabine Veit (Aschenbrenner) in der 2. Liga gespielt.

Württembergischer Schülermeister 1954 Der Nachwuchs der Ringer des VfL Neckargartach hat sich wie die Orgelpfeifen hinter der Gaststätte „Zum Schiff“ aufgestellt (v. l.): Günter Schmoll, Karl („Gallo“) Hagner, Reiner Stegmüller, Walter Löbich, Heini Schmoll, Manfred Reiz, Walter Schäfer, Roland Stunz, Jugendleiter Günter Schulz.

30 Jahre Kraft Heil Griechisch-römischer Spaß beim Festzug 1954 zum 30-jährigen Bestehen der Ringerabteilung des VfL Neckargartach: vorn Rolf Wagner (l.) und Werner Uehlin, dahinter Ralf Mairick, Günter Schulz, Christian Wieland, Werner Merz und Rolf Kühnle

Aufstieg 1951 Landesliga (v. l.): Heinrich Leitz (Trainer), Willi Föll, Karl Nesper, Rolf Kühnle, Günter Schulz, Horst Wieland, Werner Merz, Ernst Hansch, Christian Wieland, Vorsitzender Fritz Renninger

Sie legen fast alle aufs Kreuz

❒ Die Neckargartacher schmunzeln, wenn der Nachwuchs der VfL-Ringer in den 50ern mit dem *Kandelmarsch* seine Siege feiert. Zum Gassenhauer „Ein Stock, ein Hut ...“ pendeln die Buben bei ihrem Triumphzug zwischen Bordstein und Fahrbahn durch die Straßen. Als Höhepunkt lädt Karl Fritschle zur Hausmacher in seine *Glocke* ein. Manchmal gibt's sogar Schnitzel. Gallo Hagner: „Das war dann eine Sensation!“ Neckargartach gilt als Ringerhochburg. Der erfolgreichste Athlet ist Werner Merz, der dreimal württembergischer Meister und zweimal Vizemeister wird. Nur knapp scheitert er daran, für Deutschland bei den Olympischen Spielen 1952 in Helsinki zu ringen. Als Landesmeister steigen 1959 Wieland, Merz, Besel, Rabitz, Wagner, Löbich, Stunz und Schmoll in die Oberliga auf.
Quelle des Erfolgs ist die Jugendarbeit von Günter Schulz, der den Nachwuchs 1949–1969 trainiert. Der Jugendleiter und Schlagzeuger gilt als *Schleifer,* der seine Jungs hart rannimmt. Zu seinen Marotten gehört, dass die Buben vor dem Training die Matte singend umkreisen müssen. Wer falsch singt, muss zur Strafe gegen den Trainer ringen. Seine Buben legen im Ländle fast alle Gegner aufs Kreuz.

Neckargartacher Kandelmarsch Die Ringerbuben feiern ihre Siege.

Schwäbisches Landesturnfest 1959 Den Festzug der 15 000 Sportlerinnen und Sportler erleben 60 000 Zuschauer in Heilbronn. Bruno Holstein hat das Gewimmel der Menschen und Fahnen auf der Kreuzung Allee/Kaiserstraße und in der Kaiserstraße fotografiert.

Hochburg im Kunstkraftsport

❒ Der TSV Jagstfeld ist in den 50er Jahren eine Hochburg des Kunstkraftsportes. Mehrfach gewinnen die Athleten, die meistens bei KS in Neckarsulm beschäftigt sind, den deutschen Meistertitel in den Dreier-, Vierer- und Fünfergruppen.
Der König des Handstandes unter den Männern mit den starken Muskeln ist Hans Jenette aus Neckarsulm vor dem Vize Hermann Heiler; er stammt wie die meisten aus Jagstfeld. Mittelmänner der Vierer- und Fünfergruppen sind der Trainer und KS-Fräser Otmar Ortwein und Kilian Krensler, Hagenbach. Als Untermann stemmt Karl Ortwein die Last seiner Kameraden in die Höhe. Als Dreiergruppe sind Heinrich Schott, Otmar Ortwein und Albert Spohrer erfolgreich.
Auf den Spuren seiner Vorbilder hat sich ein starkes Jugendteam der Jahrgänge 1934/35 gefunden. Zwischen 1948 und 1953 werden sie mehrfach deutsche Jugendmeister der Dreier-, Vierer- und Fünfergruppen. Auf dem Foto von unten: Max Hoffer, Paul Maier, Walter Uhrig und Heinrich Güntert. Außerdem gehören Gerhard Hohl und Fritz Windbil zu der Truppe.

Deutsche Jugendmeister Die starken Buben von Jagstfeld

„Fliegender Liegestuhl“

❒ Aufstieg und jähes Ende eines genialen Erfinders und der Lebenskampf seiner Witwe spiegeln sich in der Familie Baumm.
Die Neckarsulmer Motorenwerke engagieren 1953 den 33-jährigen Grafiker Gustav Adolf Baumm aus München mit seiner Idee eines stromlinienförmigen Kraftrades, in dem der Fahrer auf dem Rücken liegt. Baumm zieht mit seiner Familie in die Heilbronner Pestalozzistraße 29 und konstruiert für NSU den *fliegenden Liegestuhl*. Mit zwei Versionen, die einen 49-ccm-Quickly-Zweitaktmotor und einen 98-ccm-Fox-Viertaktmotor haben, erzielt er 1954 auf der Autobahn bei München elf Weltrekorde der Klassen 50 bis 175 ccm.
Im Mai 1955 folgen weitere Weltrekorde, mit denen er auch in die 250er- und 350er-Klasse vorstößt. Seine Höchstgeschwindigkeit mit dem 125-ccm-Rennfox-Motor: 218 km/h. NSU besitzt damit alle Solo-Weltrekorde, angeführt von Wilhelm Herz mit 290 km/h auf einer 500er.
Während NSU noch viele Jahre lang mit der Stromlinie die Weltrekorde knackt, verunglückt Baumm am 23. Mai 1955 bei einer Testfahrt auf dem Nürburgring tödlich. Viele tolle Ideen des Erfinders, der gleichzeitig zweihändig zeichnen konnte, bleiben unvollendet. Und für die 30-jährige Witwe Josephine Baumm beginnt der Alltag einer allein stehenden Mutter mit vier Kindern vom Baby bis zur siebenjährigen Tochter. Die gelernte Fürsorgerin meistert Familien- und Berufsleben. Sie ist eine jener bewundernswerten Frauen, die damals wie heute tatkräftig das Geschick haben, ohne den Ehemann mit den Kindern zu überleben.

Mit Jesus-Bart
Gustav A. Baumm und sein „fliegender Liegestuhl“: Mit der Stromlinienform reduziert 1954 die „Zigarre mit dem Haifischmaul“ den Luftwiderstand und den Kraftstoffverbrauch.

Champion
Der NSU-Weltrekordler aus Heilbronn Baumm zwischen Gattin Josephine und NSU-Entwicklungschef Dr. Walter Froede.

Fahrerlager
Die „Rennfahrer“ vor dem Start am Wartberg. Vorn links Wolfgang Kreher (Nr. 63)

Dreimal Hans
Drei der erfolgreichsten Heilbronner Buben mit den tollen Kisten: vorn Hans Irion, links Hans Settele, rechts Hans Ruckdeschel

Schnelle Seifenkisten

❒ Nach den Bergrennen für Motorräder und Autos der 20er und 30er Jahre erlebt der Wartberg 1948 bis 1952 seine Wiedergeburt als Rennstrecke. Diesmal kurven Buben mit so genannten *Seifenkisten* ohne Motor von einer Startrampe durch die 650 Meter lange Gefällstrecke zum Ziel kurz vor der Einfahrt zum Wolfszipfel.
Zu den Rennfahrern 1950 gehört der 12-jährige Wolfgang Kreher mit einem Eigenbau des Vaters; der Unterbau ist ein Brett auf der Achse und den Rädern eines Kinderwagens, die Karosserie ist „so hingebogen, dass es a bissle wie ein Rennwagen ausgesehen hat“. Als Preis darf er eine Tafel Schokolade bei der US-Militärregierung in der Bismarckstraße abholen.
Stars der Buben mit den tollen Kisten sind Hans Irion, Hans Settele, Hans Ruckdeschel und Gerhard Stirm aus Heilbronn.
Als erste Preise gibt‘s meistens ein Care-Paket. 1949 wird der 14-jährige Hans Settele sogar süddeutscher Meister. Die kleinen *Caracciolas* aus Heilbronn sahnen auch in der Region viele Preise ab; beim *Soapbox-Derby* in Neckarsulm, das Weltrekordler Wilhelm Herz startet, beim Eppinger Hornbuckel-Rennen, in Zaberfeld und Cleebronn. Zu den ersten erfolgreichen Amazonen gehört die Heilbronnerin Irmgard Stirm.
Die Konstrukteure sind meistens die Väter. Franz Settele hat den Wunsch, Rennen zu fahren, der Familie geopfert und ist Milchhändler geworden; seiner Leidenschaft frönt er mit dem Sammeln von Oldtimern, von denen er 26 Motorräder an Sohn Hans vererbt. Als 1966 die Seifenkisten die Saarlandstraße hinuntersausen, fährt die sechsjährige Enkelin Birgit außer Konkurrenz die drittschnellste Zeit. Der Sieger heißt Joachim Gaukel.
Die Idee, die Bergrennen am Wartberg (1923–1936) und zum Jägerhaus (1924) in der Region fortzusetzen, haben Rennfahrer Josef Jeser und Sportleiter Siegfried Marx (Motorsportclub Heilbronn). Nach dem ADAC-Bergpreis 1965–1967 bei Eberstadt organisiert Marx ab 1968 bei Gronau-Prevorst die Bergrennen, die Nachfolger Dieter Forster 1972 bis 1983 fortsetzt.

Bergauf Werner Kritter

Durchs Wasser Manfred Frey

Durch Schlamm Werner Sautter

Das erfolgreiche Trio

Drei Heilbronner Motorradfahrer und Kfz-Meister gehören in den 50er Jahren zur Weltspitze des Geländesports. Gleichzeitig sind sie erfolgreiche Unternehmer.

Werner Kritter

❒ Wie ein Panther sitzt Werner Kritter auf seiner Maschine, reißt den Drehgriff bis zum Anschlag auf und slipt krachend durch die Kurven. Bleibt seine Zündapp KS 601 im Morast stecken, zieht er den fünf Zentner schweren *grünen Elefanten* mit Bärenkräften aus dem Dreck. Dreimal gewinnt er die deutsche Geländemeisterschaft der schweren Gespannklasse (1955, 1956, 1958). Seinen größten Triumph feiert er 1954, als der 32-Jährige die Fernfahrt Lüttich–Mailand–Lüttich ohne Strafpunkt als Gesamtsieger beendet. Nach der 56-Stunden-Langstreckenprüfung über 2600 Kilometer macht ihn Belgien zum *Monsieur Champion.* Zu den sechs *Schmiermaxen,* die in seiner Laufbahn im Seitenwagen sitzen, gehört neben den Heilbronnern Kurt Zügel und Rolf Kreuzer auch Ehefrau Zita geborene Haun, die er 1944 geheiratet hat. Grundlage für die Erfolge ist neben Willenskraft das Spezialwissen des Kfz- und Mechanikermeisters, der seine Maschine bis in kleinste Einzelheiten kennt. Beruflich hat er 1947 im Elternhaus in der Neckarsulmer Straße 155 mit einer Werkstatt begonnen, in der er Fahrräder und Nähmaschinen repariert. Über einen Kiosk (1950) an der Ecke Paulinen-/Mannheimer Straße, in dem er Motor- und Fahrräder verkauft, führt sein Weg 1954 zum ersten Motorradhaus auf dem heutigen *K3*-Gelände. 1959 folgt ein Auto- und Motorradhaus mit Aral-Tankstelle in der Neckarsulmer Straße 91 und 1991 das Autohaus in der Kreuzenstraße 80.

Manfred Frey

❒ Da staunt die Konkurrenz von BMW. Der Heilbronner Motorsportler Manfred Frey gewinnt 1955/56 auf einer 250er NSU Max zweimal die 56-Stunden-Fernfahrt Lüttich–Mailand–Lüttich ohne einen Strafpunkt. Vor allem in den Alpen erweist sich seine NSU-Maschine mit aufgebohrtem Schubstangenmotor wendiger als alle anderen Motorräder. Nebenbei holt er sich 1953–1956 bei den *Six-Days,* die als Weltmeisterschaft gelten, viermal Gold und wird 1954–1956 dreimal Clubmeister des Motorsportclubs Heilbronn. Der 28-Jährige gründet 1956 in Brackenheim ein Autohaus mit Esso-Tankstelle und Werkstatt in der Stuttgarter Straße 11, die später in Theodor-Heuss-Straße umbenannt wird. Ehefrau Erika hilft als erster Tankwart. Zur NSU-Vertretung kommt 1958 auch Ford. Nach dem Umzug 1972 in die Austraße gibt Kfz-Meister Frey 1999 wegen der Strukturkrise in der Autobranche die Firma auf. Heute steht auf dem Gelände in der Austraße ein Lidl-Markt.

NSU-Prinz-Parade Manfred Frey und Bürgermeister Hermann Schelle führen 1959 den Brackenheimer Festzug im ersten von fünf Autos der Marke NSU Prinz an.

Werner Sautter

❒ In 180 Sekunden wechselt er einen Reifen, 30 Sekunden weniger benötigt er im tiefsten Schlamm zum Auflegen einer abgesprungenen Kette. Mit fahrerischem Können und technischen Fertigkeiten gewinnt der Heilbronner Werner Sautter auf seinem 250er NSU-Max-Gespann 1955–1957 dreimal den deutschen Meistertitel der Geländesportler. Im Seitenwagen sitzt Rollschuhkunstläufer Karlheinz Piwon als *Schmiermaxe.* Der Vater Hermann Sautter hat 1924 in Böckingen ein Zweiradgeschäft gegründet, das 1955 als NSU-Vertretung mit Werkstatt in die Hechtstraße verlegt wird. Der 23-jährige ehemalige NSU-Lehrling und -Kurierfahrer Werner Sautter startet 1951 seine Karriere als Geländesportler auf einer 350er Horex und UT-Maschine. 1953 sattelt er auf das 250er NSU-Max-Gespann um und wird 1954 von NSU-Rennleiter Gustav Germer als Werksfahrer verpflichtet. Neben drei deutschen Meistertiteln gewinnt Sautter, der 1956 die Kfz-Meisterprüfung ablegt, die *Sixdays* 1953, 1955 und 1956 und wird damit dreimal inoffiziell Weltmeister. Nach 75 Goldmedaillen und 22 Klassensiegen tauscht Sautter 1958 das Lenkrad seiner NSU-Max mit dem Steuer eines NSU-Prinz. Bei Autorennen auf der Solitude und anderen Strecken folgen weitere Erfolge. Mit seinem Autohaus und der Werkstatt siedelt er 1976 in die Lämlinstraße um, wo er heute Peugeot-Pkw und Yamaha-Motorräder vertritt.

Triumph der Lambretta

❐ Puppige Motorräder mit kleinen Rädern erobern die Straßen. Die NSU-Motorenwerke bauen ab 1950 in Lizenz die Lambretta der Mailänder Firma Innocenti. Daraus wird 1951 der NSU Lambretta-Autoroller, der mit schicker Karosse mehr Komfort und Wetterschutz für deutsche Hosenbeine bietet. 1954 ist die Lambretta aus Neckarsulm das deutsche Zweirad mit der höchsten Zulassungszahl. Weil der elegante Roller seine Fans verbindet, gründen die Heilbronner *Lambrettisten*, wie sie sich nennen, 1952 einen Lambretta-Club.

Mit Anzug
Weil das Innenleben einer Lambretta hinter einer Karosse verschwindet, kann man auch in bester Kleidung auf dem Roller fahren. Wilhelm Honikel aus Offenau versucht es 1955 auf dem Roller seines Bruders.

Die Experten sind NSU-Händler Karl Keicher und sein Mitarbeiter Bruno Eberwein. Clublokal ist der *Lerchenberg*. An den Ausfahrten, die teilweise mit Prüfungen verbunden sind, beteiligen sich oft mehr als 50 Damen und Herren mit ihren Rollern, manchmal gibt's Begleitschutz durch die Polizei. Heilbronn wird gar zur Wiege einer neuen Sportart. *Lambrettaball* nennt sich das Spiel, bei dem sechs Personen ein Team bilden, nach Art des Polos nicht auf Pferden reiten, sondern auf ihrer Lambretta den Ball jagen und diesen mit dem Fuß ins gegnerische Tor zu bugsieren versuchen. Weil die meisten um ihr *Heilixblechle* fürchten, wird das Spiel bald wieder gestrichen. Günter Kircher: „Für den Quatsch war mir meine Lambretta zu schade."
Dagegen fährt mancher mit der Lambretta ins Glück. Nachdem Edith Reutter vom Lebensmittelgeschäft Ecke Bruckmann-/Oststraße 1953 eine Lambretta gekauft hat, erscheint Lambrettafahrer und Versicherungsvertreter Richard Herrmann, um ihr eine Kfz-Versicherung der *Württembergischen* anzudienen. „Wir sind schon bei Nordstern versichert", weist sie ihn ab. Aber als er ihr 1954 im Club einen Heiratsantrag macht, sagt sie „ja".
Nach der Trauung in der Wichern-Kirche begleiten die *Lambrettisten* das Brautpaar mit ihren blank geputzten Rollern als Eskorte bis zur Haustür. Gleiches erleben Paul Schübel und seine Gerda geborene Heinzelmann und manches andere glückliche Lambrettapaar.

Lambretta-Club
Aufmarsch zum Ausflug

Hupen und Motorgeräusche
Mit einem Lambretta- und Autokorso werden beim Reitturnier 1954 im Stadion in Heilbronn die Reitpferde auf ihre Sicherheit im Straßenverkehr geprüft. Der Lambrettafahrer und Buchhändler Peter Stritter gibt einem der erfolgreichen Pferde zur Belohnung ein Zuckerstück.

Torwart ohne Schutzmaske

❐ Der Hockey-Festball des VfR Heilbronn am Dreikönigstag auf dem Wartberg gilt als gesellschaftliches Ereignis. Stolz tragen die Spieler ihre schwarzen Clubjacken vom Barthel mit dem Stadtadler-Emblem. 1951 werden sie württembergischer Meister.
Das Foto zeigt die Sieger auf ihrem Sportplatz beim Lehrerseminar am Wartberg (stehend v. l.): Karl Kienle, Max Schell, Manfred Böhringer, Kurt Bäuerle, Richard Hagner, Fritz Dietrich, Heinz Metzger, Gerhard Junkert (Jumbo). Vorn knien (v. l.) Kurt, ohne Schutzmaske, Burhenne, Torwart Rudi Maier und der Spielmacher Heinz Bordt *(Massa)*; er sollte ursprünglich für Deutschland bei den Olympischen Spielen 1940 spielen, die aber wegen des Zweiten Weltkrieges ausgefallen sind. Zu den Machern des Heilbronner Hockeys gehören die Abteilungsleiter Fritz Grimm, Emil Haunß, Erwin Göggelmann und der Spielausschussvorsitzende Werner Steigmann. Wie bekannt das Team ist, zeigen Einladungen zu Turnieren in Frankreich, Belgien und England. Nach den Anfängen beim Seminar entsteht ab 1953 ein Hockeyfeld hinter der VfR-Tribüne.

Hockeymeister 1951